# ORAL, Ô DÉSESPOIR !

© L'Harmattan, 2014
5-7, rue de l'École-polytechnique ; 75005 Paris

http://www.harmattan.fr
diffusion.harmattan@wanadoo.fr
harmattan1@wanadoo.fr

ISBN : 978-2-343-01875-1
EAN : 9782343018751

Jean-Michel ROCHE

# ORAL, Ô DÉSESPOIR !

*Enquête sur le charisme des Français
et l'enseignement des techniques
de communication*

*Pour des raisons d'accessibilité et de bonne compréhension des idées défendues, un grand nombre d'exemples et d'illustrations ont été sélectionnés principalement dans le monde politique et médiatique. Que les personnes concernées veuillent bien ne pas nous en tenir rigueur.*

« Mieux vaut voler avec l'aigle
que gratter avec les poules »

*Proverbe ivoirien*

# 1.

# MISE EN BOUCHE : LES PIEDS DANS LE PLAT !

**Le corps**

Je ne sais plus du tout pourquoi ma grand-mère m'avait parlé de cela, mais, je me souviens qu'elle m'avait raconté que, jeune fille, lorsqu'elle prenait une douche, c'était en chemise de nuit. Son cas n'était apparemment pas isolé, si j'ose dire, mais il semblerait que les règles de bienséance interdisaient au début du siècle dernier qu'une jeune fille bien éduquée regarde ou touche son corps dénudé... même sous la douche. Il y aurait « à redire » sur le bien-fondé et le paradoxe d'un tel interdit. Personnellement, j'y vois plus la préfiguration du syndrome du T-shirt mouillé !

Les Français, notamment au XIX$^e$ siècle et lors de la première moitié du XX$^e$ siècle n'accordaient que peu d'attention à la toilette du corps, alors que beaucoup d'autres nations se comportaient différemment. La réputation de saleté des Français n'était peut-être pas totalement infondée... Les salles de bains, jusqu'à la seconde guerre mondiale, étaient souvent inexistantes en France, non seulement dans les campagnes, mais également dans les appartements en ville. La toilette se faisait en général avec une bassine et un broc, les miroirs étaient de petite taille, voire inexistants, et l'intervention se déroulait bien rapidement dans la cuisine.

Notre éducation, compte tenu de nos valeurs chrétiennes et notamment catholiques, était particulièrement prude. Les jeunes adultes ne devaient pas se voir, se regarder. Le miroir était parfois totalement interdit, pour éviter les tentations. On disait d'ailleurs parfois à un enfant : « arrête de te regarder dans la glace, tu vas faire sortir le diable ! ». Ainsi, longtemps le corps a été considéré comme suspect ; il ne fallait pas trop se regarder au risque de commencer à pécher. D'ailleurs, une trop longue station d'un jeune homme devant un miroir était encore jugée sévèrement, voire punie, dans les règlements des pensionnats religieux de l'entre-deux-guerres, note Jean-Jacques Courtine dans « Histoire du Corps »[1]. Au fil du temps, cette pesanteur religieuse nous a donc appris à l'ignorer. Ne pas se regarder, ne pas se toucher, ne pas « s'utiliser », à l'exception de la pratique du sport.

Or, une activité devenue stratégique au XXI$^e$ siècle nécessite l'utilisation de son corps, au même titre que le sport ou la danse : la prise de parole en public.

Contrairement à ce que certains peuvent penser, il ne s'agit pas là d'une prestation essentiellement intellectuelle, mais aussi d'une prestation physique. La prestation intellectuelle est, en grande partie, réalisée en amont, dans la sélection, la configuration et la mise en forme des idées. La délivrance du message est d'abord un exercice physique qui nécessite – on en ignore généralement l'ampleur – l'emploi de tout son corps. Trop souvent les non initiés considèrent qu'il s'agit seulement d'ouvrir la bouche pour laisser sortir une logorrhée de sons. Il n'en est rien ! Prendre la parole c'est s'exprimer physiquement, c'est véritablement une activité quasi sportive et impliquante. Dans cet exercice, l'important n'est pas la prose, mais le corps, puisque c'est par là que passera ou ne passera pas le message !

La formation des dirigeants des grandes entreprises à la communication[2] étant l'activité de mon entreprise, j'ai

---

[1] *Histoire du corps*, Jean-Jacques Courtine, Le Seuil Editions.
[2] Le mot communication revêt un sens très large. On s'intéresse ici à l'échange entre une personne et son public. Ce public peut être un seul interlocuteur, une assemblée de 30.000 personnes, ou des millions de téléspectateurs...

longtemps été étonné de constater la crainte que ceux-ci avaient à « s'utiliser » physiquement, à s'impliquer dans leur message, à exprimer avec leur corps une sensation, faire vivre un ressenti ou partager une émotion. Réserve, gêne, pudeur, éducation en sont certainement les causes. Les gestes sont rares, voire totalement absents. Quand ils existent, ils sont le plus souvent près du corps, dans la zone que délimite le mouvement des avant bras, les bras généralement collés au tronc, et se terminent rapidement par un auto-contact des mains.

Ces dirigeants avancent une multitude de justifications : « je suis bien comme ça…, moi je fais très peu de gestes, je ne veux pas avoir l'air d'un guignol, faire trop de gestes…, je veux rester naturel ». Rapidement nos consultants leur expliquent que s'ils estiment être bien « comme cela », le « récepteur », c'est à dire l'interlocuteur ou le public, lui, n'est pas forcément « bien » à le voir « comme cela ». L'essentiel n'est pas ce qu'ils considèrent comme étant bon pour eux, mais bien le message perçu par l'auditoire.

On a longtemps pu considérer qu'une bonne éducation interdisait à une personne « de bonne famille » de laisser échapper l'expression d'une quelconque émotion notamment par sa gestuelle ; les dirigeants sont visiblement souvent de ce bord-là.

Le Président d'une des entreprises du CAC 40, connu pour son apparente rigueur et son intégrisme vestimentaire me confiait un jour, après une matinée passée à s'éveiller à nos techniques: « je m'aperçois sur votre écran que je passe beaucoup mieux quand j'ai l'impression de faire l'imbécile ! ». Pour lui « faire l'imbécile » consistait à bouger, à manifester des ressentis, à vivre ses propos, à en faire « beaucoup » ! Il avait découvert l'intérêt de se « lâcher », de s'utiliser, et d'exprimer des sentiments. Malgré les incitations de son Directeur de la communication, qui était lui d'origine anglo-saxonne, il n'est pas pour autant revenu travailler ces techniques avec nous...

Que ce soient des assemblées générales, des conventions, des road shows, des interviews, des débats, des présentations ou tout simplement des réunions, la vie de beaucoup d'hommes est régulièrement balisée par des prises de parole en public de toutes sortes. Autant d'occasions pour les politiques, les dirigeants d'entreprises, les cadres dirigeants ou leurs collaborateurs de s'exprimer pour convaincre du bien-fondé de leur stratégie, inciter à les suivre, vendre leurs projets, dynamiser leurs équipes ou faire passer leurs messages essentiels. On constate alors souvent - à condition de disposer d'une grille de lecture minimale - que les bons communicants en France ne sont pas légion, et que le niveau moyen des interventions est encore fortement améliorable.

Beaucoup n'imaginent pas la médiocrité et l'inefficacité de leurs prestations. Se sécurisant par l'intelligence du propos (à plus forte raison s'il s'agit d'un discours technique dans leur domaine d'activité) et bien souvent par des avalanches de PowerPoint®, ils se donnent bonne conscience par la diffusion d'un maximum d'informations.

La gestuelle est fréquemment absente, au moins pendant les dix premières minutes (celles qui comptent !) et quand elle est un peu existante, c'est souvent au prix de nombreux auto-contacts par lesquels chaque main vient souvent toucher, palper, caresser sa jumelle, pour réconforter l'orateur. Le regard balaie furtivement l'auditoire rapidement délaissé, préférant se réfugier sur des notes ou sur un écran. En règle générale le sourire est absent et n'apparaîtra tardivement que pour signifier le soulagement apporté par la fin de l'intervention. Le débit est souvent linéaire et monocorde, le discours truffé de nombreux « euh ! » qui viennent sonoriser la réflexion de l'orateur. De fréquents mots parasites (« alors », « en fait », « quand même », « un petit peu », « je dirais », « si vous voulez », « donc », « voyez-vous », « disons » « effectivement », « véritablement », « n'est-ce pas »...) assurent qu'aucune rupture, aucun silence, ne viendront altérer la monotonie de l'intervention. Le discours est fréquemment long, l'orateur hésitant, et sa prise de parole épuisante tant pour lui-même que pour son public. Peut-être pense t-il pouvoir « se refaire » avec le temps ? C'est rarement le cas tant l'impact des premières minutes sera durable.

Il est assez étonnant de constater que de telles personnes n'imaginent pas l'intérêt qu'elles pourraient avoir à apprendre à communiquer avec leur public, le plus souvent d'ailleurs parce qu'elles ignorent l'existence de techniques.

Cet apprentissage ne fait pas partie des cycles scolaires traditionnels. L'université ou les grandes écoles l'ignorent, à l'exception de quelques unes qui s'y intéressent timidement. La formation à la communication y est pressentie comme nécessaire, mais est souvent distribuée chichement par des enseignants généralistes, non-spécialistes de ces techniques, et n'ayant pas réellement la capacité à assurer le travail à accomplir.

Bizarrement, la culture française, comme toutes les cultures latines, est pourtant particulièrement orientée sur la forme.
La « forme », c'est-à-dire l'apparence (par opposition au fond), est effectivement prédominante dans l'expression française : les belles lettres, les beaux-arts, les arts décoratifs, la gastronomie, la haute couture, la mode, la coiffure, la parfumerie, la joaillerie, l'orfèvrerie, la diplomatie, le design... sont des disciplines où les Français excellent.

Le paradoxe est qu'en matière de communication, cette forme n'est pas au rendez-vous. La culture italienne, toute latine qu'elle soit, est non seulement particulièrement marquée, elle, par le rôle de l'Eglise et par ses préceptes, mais elle est logée à la même enseigne que la nôtre et les Italiens ne sont pas meilleurs communicants. Pourtant pour eux, faire bonne impression, bonne figure (« *bella figura* ») est essentiel, notamment pour leur réussite professionnelle. Quant aux Espagnols, ils ne sont pas meilleurs et sont même plutôt moins bien lotis que les Français, (ce que la filiale espagnole de ma société m'a donnée maintes fois l'occasion de vérifier). Pour s'en convaincre, il suffit de regarder les prestations audiovisuelles des membres des derniers gouvernements espagnols. Bref, les aspects de forme étant chez nous absents, on constate que nombre d'orateurs se réfugient dans le fond et l'étalement de leurs connaissances.

« A force d'aller au fond des choses, on y reste ! » disait Sacha Guitry.

Aujourd'hui, les Américains se gaussent de l' « intellectualisme » dont sont empreints nos discours hexagonaux. Leurs interventions orales, souvent claires et directes, sont systématiquement bien meilleures que les nôtres, et cela avec un contenu loin d'être toujours supérieur.

Heureusement, la mondialisation aidant, une prise de conscience commence à se faire.

Il y a une dizaine d'années, j'abordais ces aspects de communication avec l'un des membres du comité de direction de Schneider Electric. « Vous avez parfaitement raison ! » me confiait-il. « D'ailleurs, lorsque nous sommes en meeting avec les dirigeants de Square D, notre filiale américaine, nous avons l'impression que les patrons du groupe... ce sont eux ! » Heureusement les choses ont changé dans cette entreprise et la communication des membres du comité de direction est aujourd'hui tout à fait performante. J'entendais néanmoins, il y a quelques semaines, quasiment mot pour mot la même réflexion dans une autre entreprise française, elle aussi très présente à l'international. Il en reste malheureusement un certain nombre où cette remarque est d'actualité.

Privilégiant le fond, nous sommes souvent inconscients de l'impact que l'image peut revêtir (« jusqu'à maintenant, nous avons toujours fait « comme cela » et apparemment cela n'a pas si mal marché ! »), inconscients de l'impact positif que des techniques peuvent apporter. Les techniques, vous les pensez le plus souvent réservées aux Politiques (eux, c'est leur métier que de communiquer !) et vous pensez déjà disposer de celles qui vous sont nécessaires. D'ailleurs dès votre premier *areuh*, vous communiquiez et vous n'avez pas arrêté ! Seulement, vous êtes dans une posture identique à celle d'une personne qui chercherait seule à pratiquer un sport quelque peu technique, comme le golf (mais cela est vrai pour beaucoup d'autres sports !), sans avoir pris le moindre cours, sans le moindre enseignement, sans le moindre coach.

A la différence d'un sport de loisirs ou de compétition où vos contre-performances n'ont bien souvent d'autres conséquences que celle d'affecter votre ego, l'absence de techniques de communication (gestuelle insuffisante, regards et sourires inexistants, absence de silences et de variations sonores, etc.) peut avoir, malgré vous, des conséquences lourdes et fâcheuses : inexistence ou faiblesse d'impact, entraînant une non réception du message, donc une non transmission réelle des informations. Cela signifie que l'objectif ne sera pas atteint, que l'intervention n'aura servi à rien (ou à peu de choses), si ce n'est à vous desservir en figeant l'image durable d'un individu que l'on n'a pas vraiment envie de revoir ou de réentendre.

Et pourtant, pour paraphraser Jacques Séguéla, la communication, c'est comme le chinois, cela s'apprend !

Découvrir et s'approprier les outils de la prise de parole en public permet de renforcer sa communication interpersonnelle, non seulement en public, mais en toutes circonstances. Il est indispensable de prendre conscience que chaque Français, à des degrés divers de sa personnalité, a bien souvent besoin d'un véritable déblocage, d'un besoin de casser le carcan dans lequel il est enfermé en matière de techniques de communication, pour lui permettre d'effectuer des prises de conscience et d'intégrer les outils lui permettant d'oser se mettre en avant, d'avoir une vraie présence en public en sachant « s'utiliser » physiquement pour faire passer ses idées, « vendre » (*Ah le vilain terme qui lui aussi fait fuir !*) son message, sa personne, savoir « théâtraliser » son intervention, développer sa personnalité, son charisme, son leadership.

En France, comme dans les autres pays européens, à des degrés parfois différents, nous souffrons d'une vraie carence en la matière. Il s'agit d'un problème général, d'un blocage national, presque totalement ignoré et rarement abordé.

Pourquoi ?

Probablement parce que chacun culpabilise et gère ses complexes seul dans son coin (*après tout, on préfère oublier rapidement ses mauvaises expériences*), parce que la prise de conscience collective n'a jamais eu lieu, parce que ce problème de société n'est pas souvent traité par des journalistes qui sont eux-mêmes victimes du système et qui, en tant que spécialistes de la communication, *puisqu'ils sont journalistes*, n'osent pas s'aventurer en terre inconnue. Ce mal français, ce handicap culturel n'est que très peu dénoncé, d'autant que l'on voit rapidement poindre la responsabilité de l'Education nationale, et les difficultés de changements qui collent aux basques du mammouth.

Le développement des média sociaux et des nouvelles technologies n'y changera rien. La diminution des rencontres "en live", des réunions, des échanges interpersonnels et des prises de parole en public ne fera que renforcer le poids des interventions qui resteront. Devenue plus rare, positive comme négative, l'image de chaque communicant n'en sera que plus durable.

Le système en place continue, au fil des ans, de faire ses dégâts... et de très nombreuses victimes ! Peu nombreux, au contraire, semblent être ceux à même de faire changer les choses.

Ne peut-on imaginer de remettre en cause notre héritage judéo-chrétien, de faire « bouger les lignes », d'intéresser l'Education nationale à une vraie réforme comportementale, d'oser poser des questions telles que : Quel est donc le poids de la forme par rapport au fond ? Quel est le véritable secret des bons orateurs ? Y'a t-il réellement un modèle anglo-saxon ? Comment peut-on mettre en route le changement, si une telle chose est possible ? Faut-il nous contenter de notre médiocrité ou imaginer une refonte du système ? Bref faut-il que le coq gaulois continue de gratter avec les poules, ou faire en sorte qu'il puisse un jour voler avec l'aigle américain ?

## 2.

## NOTRE HÉRITAGE JUDÉO-CHRETIEN

**L'Eglise**

« Le théâtre est né de l'Eglise. Elle ne lui pardonnera jamais. Jalousie de métier » indique Sacha Guitry dans *Toutes réflexions faites*. Il est vrai qu'au Moyen-âge, la représentation des Mystères par des comédiens dans un but purement religieux ne posait guère de difficultés. Les problèmes vont arriver plus tard : jusqu'au XIX$^e$ siècle, les comédiens se verront souvent refuser leur inhumation au cimetière, les actrices exerceront une profession perçue comme libertine, il y aura quasiment confusion entre deux métiers particulièrement physiques que sont celui de prostituée et celui de comédienne. C'est d'ailleurs parmi celles-ci que l'on trouvait beaucoup de « cocottes » et même les maîtresses (qualifiées de « poules ») de nombre de notables. Il est vrai qu'un point commun unissait les deux types d'activités : une grande liberté avec le corps. Or, c'est ce rapport au corps qui va conditionner notre incapacité culturelle et généralisée à communiquer, car c'est normalement avec le corps tout entier que l'on communique.

Tout démarre à la fin du Moyen-âge où le corps est rejeté du côté de l'animal, du dégradant, du mauvais, voire de l'empire de Satan. Il suffit de lire St Augustin et les Pères de l'Eglise. Les acteurs religieux de l'époque ont voulu voir domestiquées et contrôlées nos passions. Au-delà de l'action de certains « intégristes » comme Jean de la Croix qui entreprennent de se rapprocher du Christ de douleurs par un partage des tourments (*les cilices –type Da Vinci Code- sont de sortie !*), le corps est perçu comme ne méritant absolument aucun respect. Ne parlons pas des soins élémentaires d'hygiène : le corps est repoussant de saleté, grouillant de vermine[3], mais, au-delà, de la façon générale dont l'Eglise condamne les douceurs de la vie: dompter sa chair c'est d'abord s'infliger une féroce discipline. On ressort en exemple les grands modèles médiévaux de l'ascétisme (Saint Jérôme, Saint Antoine). « Je ne suis qu'un fumier, je dois demander à Notre Seigneur qu'à ma mort on jette mon corps aux ordures pour qu'il soit dévoré par les oiseaux et les chiens [...] N'est-ce pas là ce que je dois désirer pour le châtiment de mes péchés ? » s'est écrié Ignace de Loyola ! Les religieuses prennent quant à elles volontiers pour modèles des figures de femmes qui passent pour avoir châtié leur corps (Catherine de Sienne, Thérèse d'Avila). Parce qu'elle permet d'acquérir de solides vertus et implique la méditation des épisodes de la Passion du Christ, l'ascèse est de plus en plus envisagée à partir de la fin du XVIᵉ siècle comme une « préparation à la réception de grâces ». Ces modèles vertueux vont bien évidemment influencer les siècles à venir. La nécessité pour tous de domestiquer et de contrôler ses passions va donc s'imposer. Il était non seulement question de refouler notre part d'animalité mais aussi d'économiser notre corps pour le conserver tel que Dieu l'a fait, donc, de l'ignorer, afin de n'être soumis à aucune tentation ! Il s'agissait de ne pas se trouver devant une incapacité à gérer nos pulsions corporelles. Bien évidemment, par delà le corps, c'était l'acte sexuel qui était visé, les zones sexuelles étant d'ailleurs couramment désignées comme étant des « parties *honteuses* »! On sait même qu'à Versailles, on allait jusqu'à camoufler la baignoire de la Reine !

Dans les pays catholiques, ce sont donc des angoisses de vulnérabilité qui vont diriger les comportements. Tout ce qui apparaît comme une complaisance, comme une faiblesse à l'égard du corps, est considéré comme source de mauvaises pensées, le corps doit sans cesse être surveillé et contraint. C'est donc la maîtrise, l'annulation si elle est possible, de tous les appétits du corps qu'exalte l'ascèse au profit de la dimension spirituelle de l'humain. On retrouve ici l'opposition corps-esprit

---

[3] *Histoire du corps*, Jean-Jacques Courtine, Le Seuil Editions.

qui va marquer la culture française à travers les rapports forme et fond. Nous aurons l'occasion d'en reparler.

La communication va dès lors souvent être appréhendée en termes d'opposition et de domination de l'une sur l'autre.

Ainsi, le corps a été censuré, banni et considéré comme tabou. Quel rapport avec la communication, me direz-vous ? Sans griller les étapes, je vous confirme qu'une prise de parole implique un engagement physique au même titre qu'un sport. Les éventuels déplacements, les appuis au sol, la verticalité du buste, ses inclinaisons, l'utilisation des bras, de la main, des doigts, du regard, du visage, des lèvres, de la bouche notamment le sourire, des expressions et autres mimiques, tout cela participe ou devrait participer à l'expression des messages. Eh bien, depuis des siècles, forts de cette culture judéo-chrétienne par ailleurs teintée de jansénisme (le plaisir était condamnable), nous nous sommes réfugiés dans le raisonnement, l'intellect, le cérébral. Le maître de philosophie a tué le maître de gymnastique. Nous avons privilégié l'écrit, la connaissance et la couverture du sujet au détriment de l'expression. A travers l'histoire, on trouve quelques exceptions, notamment chez les Jésuites qui vont enseigner la maitrise physique par le théâtre[4]. Surveiller ses gestes, maîtriser sa voix, corriger ses tenues, préparer à la vie mondaine dans une société où se codent fortement bienséance et comportements : inflexion et agrément de la voix, élégance du geste, dignité de la démarche, contenance de la décence et de la grâce. Comme le souligne fort élégamment le politologue Philippe Raynaud (entretien à L'Expansion de décembre-janvier 2013) : *« Au XVIII$^e$ siècle (...) la politesse et la distinction pouvaient compenser les inégalités de fortune et de naissance : l'acquis*

---

[4] C'est grâce aux Jésuites (ou à cause d'eux) que mon vieux complice Bernard Malaterre, autrefois acteur puis scénariste, et aujourd'hui réalisateur de films (en parallèle à la direction des formations chez VerbaTeam) a abandonné un cursus classique : en troisième année de médecine à Montpellier, il délaissait ses études pour « monter à Paris », suivre le cours Simon pour rentrer au conservatoire et intégrer le Français : il avait découvert le théâtre en terminale, chez les Jésuites !

*du beau langage corrigeait l'inné du haut lignage ».* La « société de cour » se préparait dans l'apprentissage du jeu d'acteur : les Jésuites avaient bien vu tout l'intérêt que la maîtrise de ces aspects pouvait revêtir pour les jeunes gens qui en bénéficiaient. Souvent précurseurs dans de nombreux domaines, ceux-ci avaient perçu ici l'intérêt de tels enseignements : confiance en soi, aisance relationnelle et efficacité rhétorique pour emporter l'adhésion de son public.

Cette analyse de notre rapport au corps, qui est celle de beaucoup d'historiens, n'est pas partagée par l'excellent philosophe Michel Serres qu'à l'occasion d'un séminaire en sa compagnie, j'interrogeai sur la question. Dédouanant la chrétienté, il m'indiquait que nos blocages proviendraient, à son avis, plutôt du besoin de cacher « un corps de douleurs » et de maladies. A des époques où la médecine était inefficace, les épidémies et les maladies étaient fréquentes ; le corps du commun des mortels n'était probablement pas beau à montrer : saleté, plaies, infections, caries, dermatose, kystes, goitres, malformations (*c'est bon, j'arrête !*) étaient le lot de beaucoup de nos concitoyens. Et il ne pensait pas que la dimension religieuse était forcément à l'origine de nos blocages.

De toutes les manières, quelles qu'en soient les causes, le corps a été caché et censuré ; en communication, la forme, c'est à dire l'image du communicant, a été négligée et le fond privilégié.

En Europe, le Siècle des Lumières éclairant le monde de son universalisme a, lui aussi, occulté ces aspects formels. En France, il faudra attendre le gouvernement de Vichy pour voir quelques intérêts pour le corps renaître... et disparaître rapidement. Par une circulaire du 15 novembre 1940 de Georges Ripert, Ministre de l'Education, est créée l'Education Générale et Sportive[5] visant à introduire le corps au sein du dispositif scolaire. Notons qu'au-delà des matières classiques, à dominantes sportive et physique, on va trouver des matières

---

[5] *1940-1945 Années Erotiques,* Patrick Buisson, Albin Michel.

innovantes parmi lesquelles le chant choral, l'initiation musicale et les représentations théâtrales ; compte-tenu des visées idéologiques pernicieuses sous-jacentes, la Libération mettra un terme à cette tentative qui n'a jusqu'à nos jours pas eu de suite.

De l'autre côté de l'Atlantique, la démocratie américaine a, elle, compris depuis longtemps l'importance de la forme et de l'image, et a rapidement inscrit la communication dans la plupart des programmes scolaires. Nous allons voir que nous sommes bien loin de tout cela et que nous souffrons d'un handicap national dont la prise de conscience reste à faire.

# 3.

# DÈS LES BANCS DE L'ECOLE

**Le modèle français**

Si notre éducation nous a inconsciemment appris à censurer notre corps, à ne pas le regarder et à éviter de l'utiliser face à un public, c'est essentiellement à l'école que naissent tous nos blocages.

Pour moi, c'était celle des Pères Maristes à Lyon (*qui était et a su rester une excellente école*). Mais que ce soit l'école privée ou l'école publique, le collège ou le lycée, Paris ou les régions, notre apprentissage a été le même. Il le reste encore, les enseignants d'aujourd'hui reproduisant ce qu'ils ont eux-mêmes appris.

L'Ecole a appris aux élèves à anéantir toute gestuelle, à débiter rapidement leurs récitations (en cas d'hésitations la mauvaise note est assurée), à avoir peur des silences, il leur faut trouver le mot juste, surtout ne pas se tromper. Ils y ont appris l'humiliation, la peur du ridicule. Je me souviens que lorsque j'étais enfant, le système scolaire nous imposait des consignes strictes : se tenir droit, ne pas se singulariser, ne pas bouger, rester durant de longues minutes alignés, en rang, les bras croisés, sans faire un geste, jusqu'à l'obtention d'un silence total et général ; face aux professeurs, il fallait rapidement baisser les yeux pour ne pas être considéré comme insolent ; en cours, il ne fallait pas rire ou sourire, au risque d'être perçu comme dissipé et de se faire sanctionner. Rapidement, nous avons appris qu'il ne fallait pas répondre à un enseignant, même si nous avions quelque chose d'intéressant à dire. Essayer de convaincre son professeur de son point de vue pouvait entraîner pour l'enfant une forte réprimande : « l'entêté » devait donc apprendre à se taire, au risque de perdre toute confiance en lui (à moins que cela ne fasse de lui un rebelle !). Je parle à l'imparfait et peut-être pensez-vous que les choses ont évolué, que dans telle ou telle école on pratique différemment ? Tant mieux si c'est le cas, mais malheureusement le constat général n'est pas brillant et le « modèle de référence » reste globalement le même en France et dans la plupart des pays européens. D'une façon générale, nous avons appris à cacher notre ressenti, nos émotions : tant chez les filles que chez les garçons, on considère qu'un enfant « bien élevé » ne doit en effet pas montrer ses émotions. Quelle honte de voir un enfant pleurer, à plus forte raison si c'est un garçon !

La « grande muette » (le surnom de l'armée) prenait la relève grâce au service militaire. Les garçons ont été mis en *uniforme* et on leur a dit (et parfois hurlé) : « Je ne veux voir qu'une tête ! Garde à vous... fixe ! », c'est-à-dire que personne ne bouge. Un bon militaire n'a effectivement pas à avoir d'états d'âme, ni à exprimer quoi que ce soit, une armée se devant d'être mentalement « uniforme » pour mieux obéir.

Il est probablement dommage que ce rassemblement républicain des jeunes Français qu'était le service militaire ait aussi mal évolué. Trop d'aberrations ont conduit à la disparition justifiée de ce qui aurait pu être un temps fort pour certains.

Voilà ce qui s'appelait « mettre au pas ». On nous a, enfants, fait rentrer dans un moule, et l'on en est ressorti clonés et renfermés. En France, les enfants sont d'ailleurs classiquement éduqués dans un système de sanction, de restriction et de soumission depuis leur plus jeune âge[6].

L'exemple anglo-saxon (notamment nord-américain, que ce soit aux USA ou au Canada – pays très performant sur les aspects

---

[6] Bien évidemment, je vise les personnes qui sont dans la société et fais abstraction de ceux qui sont en marge du système.

des sciences humaines) est aux antipodes : l'objectif est l'épanouissement de l'enfant (non celui du directeur de l'école visant 100% de réussite au bac !). Que l'enfant soit heureux dans le système scolaire, c'est important. Qu'il sourie, c'est (très) souhaitable. La logique est d'être positif, d'encourager, de mettre en confiance, d'aller de l'avant et de développer l'estime de soi, de voir le jeune s'épanouir et réussir sa vie.

Chez nous, les écoles secondaires devraient chercher à atteindre ces objectifs, plutôt que de se concentrer sur l'optimisation du score de l'établissement au baccalauréat, dans une vision trop souvent bornée, étroite ou mercantile. Beaucoup de parents d'élèves (les exemples dans l'ouest parisien sont nombreux) savent bien que ces pseudo réussites de l'école sont obtenues au prix d'un « triage » préalable des enfants. Ceux qui ne sont pas « dans le moule », ceux qui n'avancent pas au même rythme que les meilleurs de la classe et qui pourraient présenter le risque de plomber les statistiques, ont presque tous, bizarrement, quitté avant la terminale ces écoles (*qui bien souvent se disent chrétiennes !*).

Notre système quasi immuable, régulièrement qualifié de « modèle » français (et nous nous étonnons parfois que les Français paraissent arrogants aux étrangers !) est fréquemment nuisible : privée ou publique, à de très rares exceptions, l'école sanctionne négativement, elle décourage, elle « oriente » délibérément des élèves qui n'ont souvent pas eu le temps de grandir ni de comprendre ce qui leur arrivait, elle les conduit dans des impasses, elle empêche l'expression et l'épanouissement de leur personnalité, à un âge où celle-ci n'est parfois pas même éveillée.

Il y a une quinzaine d'années, une amie interculturaliste d'origine polonaise, me faisait part de son étonnement devant les appréciations que les professeurs de l'école réputée de ses deux fils avaient cru bon de mentionner sur leurs carnets de notes : « *Peut mieux faire* ». A peu près la même appréciation pour ses deux enfants, dans deux classes différentes d'une des meilleures écoles publiques parisiennes. L'un comme l'autre, étaient premiers de leur classe avec 14,5 et 15 sur 20 de moyenne générale. Voilà une appréciation bien française ! On sanctionne négativement, on culpabilise alors que, sous d'autres cieux (anglo-saxons) on saura féliciter et encourager l'élève, voire lui décerner au besoin une note légèrement surévaluée, destinée à le rassurer... afin qu'un jour prochain il mérite réellement la note qui lui a été complaisamment mais judicieusement octroyée. L'estime de soi ne fait pas partie des programmes scolaires français, c'est bien dommage.

*
* *

A une époque où la capacité à communiquer en public est essentielle, un certain nombre de parents d'élèves s'étonnent à juste titre que rien, à l'école, ne soit toujours fait en ce sens. Il y a quelques années lors d'une réunion de parents à l'Institut Notre-Dame de Saint Germain-en-Laye, une maman demanda au professeur principal debout sur l'estrade : « *Et la prise de parole en public, est-ce que vous leur apprenez ?* » A ce moment, l'enseignante, pieds joints, genoux collés l'un contre l'autre, mains verrouillées et fesses serrées, le visage particulièrement fermé, répondit avec agacement, tournant la tête et le regard vers ses chaussures « *oui !... on leur apprend à réciter leurs leçons,... C'est pareil !*».

Plus récemment, dans la même école, je participais avec d'autres parents bénévoles à des simulations d'entretiens pour les élèves de 1$^{res}$ et de terminales. Comme quoi, cette école avait bien subodoré qu'il s'agissait d'un sujet important. Malheureusement ces enfants étaient « mis sur la sellette » par des « juges » qui, quelles que puissent être leur bonne volonté ou leur activité professionnelle, n'avaient pas réellement de connaissance technique ; ils établissaient des diagnostiques approximatifs, sans donner pour autant de remède : « *Vous devriez faire moins de euh ! Il faudrait que vous parliez moins vite... Vous devriez faire plus de silences...* ». Que penser par ailleurs de ces « évaluations » alors que les enfants n'ont reçu aucun enseignement préliminaire sur les outils susceptibles d'être utilisés !

Certains pourraient objecter que je noircis le tableau, par la description d'un système qui n'est plus d'actualité. Que nenni ! Même s'il est vrai que le développement du média télévision nous a autorisé des habitudes (et donc des attentes) d'images plus confortables que par le passé (on est parfois amusé par les journaux télévisés des télévisions régionales ou de celles de certains pays émergents), rien n'a changé : la grande majorité des enseignants respecte ce qu'on lui a appris, et nous restons les enfants prisonniers de l'école de la République. Dans le privé ou le public, les profs sont les mêmes.

Citons cependant une des très rares exceptions, la pédagogie Freinet qui, bien qu'intéressante, est restée marginale. Célestin Freinet a développé au début des années vingt une pédagogie favorisant l'expression et la communication, l'autonomie, le tâtonnement expérimental (pédagogie de l'erreur), l'organisation coopérative de la classe ou chaque élève peut trouver un rôle à jouer. Pourtant avant-gardiste et reconnue comme particulièrement efficace, cette pédagogie n'a qu'un rôle mineur en France, tout comme l'Ecole Montessori qui elle aussi, avec une approche sensorielle de l'enfant, semble obtenir les meilleurs résultats.

Nous avons l'habitude, dans mon entreprise, d'accueillir des jeunes (*à chacun ses bonnes œuvres*) pour les préparer à des examens oraux, des concours de toutes sortes ou des entretiens de recrutement. Nous constatons qu'ils ne sont pas meilleurs que nous ne l'étions à leur âge, ou que ne l'étaient nos parents. L'école colporte ainsi nos blocages culturels sans faire grand-chose pour nous améliorer. Par la suite, l'Université ou les Grandes Ecoles n'arrangent rien (je remercie souvent l'Ecole Polytechnique pour le business qu'elle procure à mon entreprise !).

Je me souviens de mes études de droit à Lyon III dans les années 70 et notamment de Monsieur V., ce professeur de droit constitutionnel qui savait enthousiasmer ses étudiants pour sa matière. Bien que ses cours fussent disponibles sur polycopiés, l'amphithéâtre était plein et les étudiants passionnés (moi le premier : c'est à lui que je dois d'avoir par la suite suivi des études de sciences politiques). Parallèlement Monsieur G, le professeur de droit civil dont le sérieux n'avait d'égal que son austérité, refusait lui, de publier des polycopiés, probablement pour ne pas se retrouver tout seul à lire ses cours - en robe ! - face à un amphithéâtre vide. Il était ainsi assuré d'avoir au moins une poignée d'étudiants... qui prenaient des notes pour tous les absents !

Le premier savait faire partager ses connaissances, le second n'avait pas d'aptitude à la pédagogie, et arrivait presque à dégoûter de la matière qu'il a pourtant enseignée quelques décennies. Malheureusement, on n'apprend, en France, ni la pédagogie, ni l'art oratoire aux enseignants. Nous y reviendrons.

Vous l'avez compris, il y a un lourd travail à faire pour changer nos habitudes. Tournons-nous maintenant vers le modèle anglo-saxon.

# 4.

# LES ANGLO-SAXONS

**L'autre modèle**

En termes de communication et notamment de prise de parole en public, les Anglo-Saxons sont souvent cités en exemple. Contrairement à ce que l'on peut penser, et à ce que ce terme global d' « anglo-saxons » laisse croire, ils ne sont pas tous logés à la même enseigne.

Les Britanniques, même si l'on peut parfois leur reprocher d'être (trop) proches des Américains, restent des Européens et ont conservé un certain nombre de défauts que l'on peut trouver partout ailleurs dans la vieille Europe. En entreprise, s'ils peuvent parfois apparaître comme étant les premiers de la classe (européenne) en matière de communication, c'est probablement avant tout parce que le développement des enfants est encouragé dans leur scolarité. De plus, ils ont un niveau d'expression en anglais (*et pour cause !*) bien meilleur que leurs voisins : beaucoup de conventions d'entreprises multinationales se déroulent dans leur langue. La proximité qu'ils entretiennent avec leur ancienne colonie d'outre Atlantique a peut-être aussi tendance à les inciter à se renforcer, davantage que les autres, en techniques de communication interpersonnelle, considérée comme un élément essentiel par les Américains pour le management de leurs entreprises.

Autre raison, et non la moindre, les Britanniques utilisent facilement et régulièrement un fantastique atout *que nous osons moins pratiquer* : l'humour. En communication, l'humour a tous les avantages puisqu'il permet non seulement de faire rire, sourire son auditoire, mais il va permettre quasi immédiatement d'atteindre l'un des objectifs (de forme) du communicant : créer une interaction avec son public. Cette interaction obtenue, le communicant se voit alors bien souvent libéré de son trac et de ses angoisses, et sa besogne s'en trouve facilitée. En France, de nombreux intervenants en public ont beaucoup de mal à « faire de l'humour ». Le mot *faire* montre bien l'ampleur de la tâche et souligne qu'il y a bien là un savoir-*faire*. Sans doute craignent-ils de perdre leur crédibilité.

Les Anglais, eux, y ont très souvent recours, notamment à travers un phénomène typiquement british, « *l'understatement* ». Il s'agit là de l'utilisation poussée de la litote dans la prise de parole (dire peu pour en réalité exprimer beaucoup). Le décalage entre la réalité des choses et la façon dont elles sont relatées, souvent accentué par un jeu entre propos comique et physique sérieux, assure à l'*understatement* un effet garanti. Par exemple un orateur, faisant référence à un grave accident de la circulation dont il a miraculeusement réchappé, évoquera avec sourire un très léger froissement de tôles. Les Anglais n'hésitent pas à jouer cette rupture, ce décalage et ce d'autant plus facilement que l'éducation reçue a pu encourager rigueur et absence de démonstration d'émotion. L'effet comique n'en sera que plus grand.

Les Américains ont été, eux aussi, soumis à une éducation judéo-chrétienne forte et puritaine (n'oublions pas que les *Pilgrim Fathers* ont débarqué en Amérique pour y chercher un cadre de vie d'honnêteté, de vérité, loin de la corruption fréquemment rencontrée en Europe). Néanmoins, ils n'ont pas été entravés par leur puritanisme et ont au contraire voulu encourager l'expression et la communication. La notion de vérité figure d'ailleurs au premier rang des vertus et des valeurs prônées par leur culture, et Clinton comme Nixon n'ont dû leur départ de la Maison Blanche qu'au mensonge fait devant le peuple américain. En France, les mêmes causes ne provoquent pas les mêmes effets !

Chez eux, et c'est toute la différence, la communication est développée tant à la maison qu'à l'école, et ce dès le plus jeune âge. Les enfants sont invités à parler à table, à donner leur avis, à dire ce qu'ils pensent, sincèrement. Ils sont considérés au même titre qu'un adulte et n'ont pas à demander l'autorisation de prendre la parole. A l'école, ils apprennent l'art oratoire, la prise de parole en public dès la maternelle. Il s'agit là d'une matière à part entière que l'on retrouvera aussi à l'université.

La DRH d'une des entreprises clientes de ma société, Thales Raytheon Systems, une *joint venture* entre le français Thales et l'américain Raytheon, me racontait l'histoire d'une petite française de huit ans dont le papa venait d'être nommé aux Etats-Unis. Comme elle rejoignait son école (américaine) en cours d'année, la direction la sollicita, dès son inscription, pour qu'elle prépare un exposé, en anglais, destiné à se faire connaître de la classe, dès son premier jour de présence. Bien que peaufinée avec le concours parental, sa prestation fut (*compte-tenu du niveau d'anglais moyen en France*), on s'en doute, assez médiocre. Son *pensum* à peine terminé, la petite fille fut très surprise (et surtout très émue), de voir surgir autour d'elle, dans un même élan joyeux et spontané, ses camarades de classe et son professeur, accourus sur l'estrade pour l'embrasser, la féliciter, la congratuler, la remercier ! Leurs cris, leurs encouragements, leurs sourires et leurs applaudissements constituèrent une merveilleuse récompense (*so lovely !*) à tous ses efforts.

Les appréciations sociales influençant l'estime de soi, les enfants sont, aux USA et au Canada, systématiquement valorisés et encouragés, le « positivisme américain » en est certainement à l'origine. Une personne y est appréciée pour ce qu'elle est. Qu'il en soit conscient ou pas, chaque enfant n'est en réalité jamais insensible au(x) jugement(s) des autres, notamment celui ou ceux des personnes qui comptent, parents ou professeurs. C'est la raison pour laquelle les compliments et les encouragements sont tout à fait naturellement utilisés pour contribuer au développement de chaque enfant. Il a d'ailleurs été constaté que les enfants n'ayant connu que désapprobation et reproches ont naturellement tendance à se dévaloriser, et qu'inversement, les enfants qui reçoivent des encouragements ont tendance à être plus indulgents envers eux-mêmes, à nourrir leur propre estime de ces propos encourageants.

Le système américain substitue par ailleurs aux éventuelles croyances autodestructrices de soi (souvent développées à la suite de remarques négatives intériorisées) une volonté de transformer les faiblesses en force, de tirer profit de ses propres échecs. Un enfant américain a le droit de se tromper, il pourra recommencer autant de fois que cela sera nécessaire. Le « droit à l'erreur » est tout à fait normal et général. Le système français n'est malheureusement pas de la même veine : il est important chez nous de dire les choses « justes », de donner à l'oral la bonne réponse, de ne pas se tromper, d'utiliser le bon mot, et la moindre erreur est souvent considérée comme fatale. Se tromper entraîne souvent l'opprobre, la honte et le déshonneur. C'est cette peur du ridicule qui trop souvent, vient censurer les Français dès leur plus jeune âge. Dans le même registre, alors que nous subissons à toutes les étapes de notre scolarité des critiques négatives sur nos erreurs, les Américains se focalisent, eux, sur les aspects positifs du travail accompli.

C'est donc grâce à une bonne estime de soi, à l'affirmation de soi, que toute communication vers les autres se trouve facilitée.

Comme nous l'avons dit, dès les petites classes, l'expression orale est, aux USA, encouragée : dans la plupart des écoles américaines, les élèves montent à tour de rôle sur l'estrade, le lundi matin, pour raconter les meilleurs moments de leur week-end ou de leurs vacances. Cet exercice, le *show and tell* est largement et fréquemment utilisé. Il est d'ailleurs maintenant repris au Royaume-Uni ! On y apprend à parler en public, à animer une réunion, à être leader. On valorise l'enfant, on assure son développement personnel. Ce sont ces apprentissages qui leur permettent, une fois adultes, de communiquer facilement. Regardez à la télévision les interviews d'Américains dans la rue, appréciez leur facilité d'élocution... et comparez avec les nôtres : ils s'expriment généralement avec aisance et naturel, regardent directement leurs interlocuteurs, n'hésitent pas à sourire (*peut-être avez-vous eu l'impression de vous trouver avec votre meilleur ami (!) lors d'une discussion avec un Américain que vous ne connaissiez pourtant pas 5 minutes plus tôt...*), bref osent faire ce que beaucoup d'Européens sont souvent incapables de faire. Peut-être aviez-vous vu, les images de la convention de 2005 de Microsoft sur le net, où Steve Ballmer rentre en scène en sautant et en poussant des cris, en bondissant et arpentant la scène dans tous les sens... avant de prendre le micro pour hurler « I love this company ! ». Ce cas d'école, fortement coloré de culture américaine, n'est certainement pas à reproduire à l'identique chez nous, mais il montre bien ce que OSER veut dire.

En septembre 2008, mon épouse et moi-même étions invités en Virginie, au mariage d'Elaine, la fille d'amis américains. Nous étions spécialement venus de France pour l'occasion et avons assisté à un superbe événement, comme on en voit parfois dans les films américains : plus de 400 personnes bien habillées, dans un site magnifique, une belle cérémonie en plein air, sous des arbres bicentenaires devant une chapelle entourée de vignobles, une fête d'un grand raffinement (*mais oui, même aux Etats-Unis c'est possible !*), et cela pendant 3 jours consécutifs. L'un des grands moments d'émotion a été pour moi les *speeches* assez spontanés, prononcés par une quinzaine de jeunes : chacun à tour de rôle prenait le micro pendant plusieurs minutes. Chacun, dans son propre style, témoignait ses sentiments aux jeunes mariés, tous avec aisance, facilité d'élocution et fluidité d'expression. Chacun donnait une impression de décontraction et d'assurance, maîtrisant gestuelle, regard et silences, humour et émotions... Tout y était ! Quel décalage, pensais-je, avec beaucoup d'interventions auxquelles j'avais pu assister en de pareilles occasions en France !

Oser est un maître mot des bonnes formations[7] à la communication. Dommage qu'il ne soit pas plus souvent utilisé par l'ensemble des Français. Il est vrai qu'en France, nous sommes dans une société où la notion de risque et de prise de risques n'existe que trop rarement. Peut-être trop « d'entrepreneurs » se sont-ils expatriés ! Nous préférons nous protéger derrière les remparts du « principe de précaution » et conserver nos acquis. La réussite n'est plus un objectif individuel, et l'argent, son corolaire, est systématiquement montré du doigt. Oser, c'est évidemment prendre un risque. Prendre la parole en public, c'est prendre un risque, prendre le risque de réussir. S'il est vrai que cela peut être celui de ne pas totalement réussir, la maîtrise des techniques assurera une prestation de toute façon convenable. Oser apprendre ces techniques peut permettre dans une prise de parole en public d'obtenir un effet désiré, un impact renforcé, une interactivité avec son public et sera souvent source de grande satisfaction. *C'est loin l'Amérique...*

Autre point de différence : pour les Américains, le ridicule ne tue pas. On a même vu les Présidents George W. Bush et Barack Obama pratiquer l'autodérision dans certaines de leurs interventions[8]. Chez nous, c'est bien évidemment l'inverse : plutôt que de prendre le moindre risque, on assiste à des prestations où le communicant préfère s'enfermer dans le conformisme ronronnant de sa médiocrité.

Le décalage entre Français et Américains est souvent ressenti dans beaucoup de leurs interventions orales : le

---

[7] Rassurez-vous, il n'est pas question de faire faire des sauts ni de faire pousser des hurlements aux dirigeants français !
[8] George W. Bush lors d'une conférence de presse s'était assuré du concours d'un sosie qui, en réponse aux questions des journalistes, donnait en écho des réponses quelque peu décalées par rapport aux siennes, politiquement correctes.
Barack Obama n'hésita pas, lui, devant les caméras, à rire de la ressemblance de sa silhouette avec celle figurant sur un bas-relief égyptien représentant un homme avec des oreilles rondes.

Président français d'une multinationale américaine me faisait d'ailleurs remarquer la différence de qualité d'intervention des enseignants, dans une école pourtant aussi prestigieuse que l'INSEAD. Il y est étonnant de constater la différence d'enseignement entre les professeurs français et américains. *« Les premiers sont souvent dans la délivrance d'un message en sens unique alors que les Américains recherchent en permanence l'interaction »*, me précisait-il. Faute de recherche d'empathie dans leur communication, j'ai souvent envie de dire à nos compatriotes : « *peut mieux faire* ».

Forts de ce qui vient d'être dit, peut- être imaginez-vous que je suis en train de prêcher pour une communication « à l'américaine ? » Si vous êtes déjà en train de penser que cela serait absurde, vous avez raison. Soyons précis : mon propos n'est surtout pas de vous dire que toutes les techniques, ficelles, attitudes et autres comportements vues aux USA sont à reproduire fidèlement en France. Certes, il y a des règles, des techniques qui sont universelles, qui permettent réellement d'exister dans une prise de parole en public et qui sont donc à utiliser. Mais il est également des procédés qu'utilisent les Américains qui ne relèvent QUE de la culture américaine... et passeraient très mal dans notre vieille Europe. Il y a souvent confusion des genres entre les règles essentielles à la bonne communication, souvent mises en évidence par les Américains (ils sont souvent leaders sur ces aspects comportementalistes) et des américanismes, spécifiques à leurs interventions. Démarrer systématiquement par un *joke* pour casser la glace (« *icebreaker* »), faire mettre debout l'auditoire, forcer les répétitions (« *bumper stickers phrases* »), tout cela relève de la communication à l'américaine, et pourrait paraître décalé ou exagéré en Europe. Les cris et les sauts sur scène d'un Steve Balmer dans la convention Microsoft de 2005 ont produit leurs effets dans un contexte particulier. C'était aux USA, dans le monde de l'informatique, au sein d'une entreprise américaine leader et jeune. On n'imaginerait pas des Louis Gallois, Bernard Arnault, Serge Dassault ou Christophe de Margerie dans le même registre ! En revanche, au-delà de ces américanismes, les fondamentaux sont chez eux, la plupart du temps au rendez-vous, ce qui n'est que rarement le cas chez nous. Enfin une précision utile : je ne suis pas ici en train de prêcher aveuglément pour voir reproduit en France le système d'éducation américain. Ses nombreux défauts (culture autocentrée et nombriliste, faible consistance de la culture générale, aspects très individualistes du système, coûts prohibitifs des grandes écoles, etc.), sont des éléments peu enviables. En revanche, l'apprentissage de la communication est, lui, tout à fait digne d'intérêt.

Heureusement, aujourd'hui, on commence en France à percevoir dans les entreprises que la connaissance technique (la technicité traditionnelle, appelée par la fonction) ne suffit plus. Un dirigeant risquerait de ne plus le rester longtemps si sa capacité managériale, qui passe au premier chef par sa capacité à communiquer, n'était au rendez-vous. Le travail à accomplir est immense. Une partie des cadres et des cadres dirigeants n'a jamais été formée à ce que nous appelons « la bonne communication ». *Booster* ses hommes, faire avancer ses équipes, motiver ses troupes, ou relayer une politique de la Direction générale passe par la nécessité de connaître, de pratiquer voire d'exceller dans cette bonne communication. La mise en route d'une telle politique, généralement sous l'égide de la direction des Ressources humaines ou de la direction de la communication n'est d'ailleurs pas toujours chose aisée. D'abord parce que ces dirigeants n'ont bien souvent aucune conscience de la mauvaise qualité de leurs interventions, *les pires étant ceux qui se croient bons !* Ensuite, il est nécessaire que la direction de l'entreprise donne l'exemple afin de lever les éventuels freins individuels et collectifs qui pourraient apparaître face à ce type de formation. Beaucoup se pensent légitimes dans leur intervention car ils possèdent l'expertise !

Parfois certains Présidents ou Directeurs généraux préfèrent éluder ces aspects comportementaux. Le Président d'une grande entreprise de services, Roger C. me disait un jour : *« je suis peut-être mauvais en public, en attendant je suis le patron et je les emm..., je resterai comme je suis »* !

Heureusement il admettait quand même que ses collaborateurs puissent, eux, se former.

S'agissant enfin de membres du gouvernement (nous parlerons plus loin de l'actuel Chef de l'Etat), il apparaît, de plus en plus fréquemment, que l'aptitude technique d'un ministre dans sa spécialité est souvent loin d'être suffisante. La capacité à communiquer, à expliquer sa politique est au moins aussi importante que la politique elle-même. Tout ministre se doit d'être d'abord un communicant avant d'être un spécialiste de la discipline. En réalité c'est un sujet sur lequel nous reviendrons.

La plupart des individus n'ont aucune conscience de leur handicap. Ils pensent souvent qu'en bons techniciens, ils « assurent » et qu'ils sont donc intéressants à écouter. D'ailleurs, ils ont l'habitude, disent-ils, d'intervenir en public. Mais il ne suffit pas de savoir, de maîtriser son sujet, pour se faire entendre !

En entreprise, de plus en plus de Directeurs de Ressources Humaines et de Directeurs de communication ont compris « qu'on ne peut pas les laisser comme cela » et vont donc penser à former leurs dirigeants. C'est généralement après coup que ceux-ci prendront éventuellement conscience de l'ampleur des dégâts qu'ils ont pu commettre et qu'ils se demanderont pourquoi ils n'ont pas suivi plus tôt une telle formation.

# 5.

# L'ECHEC
# DE L'ENSEIGNEMENT FRANÇAIS

### Education nationale ?

Malgré la bonne volonté de certains enseignants sur ces aspects comportementaux et malgré de rares initiatives locales, le modèle de référence est resté inchangé depuis de nombreuses générations. Pour faire bouger les lignes, encore faudrait-il que nos enfants (*pour nous, c'est trop tard mais pour eux, tout reste encore possible !*) soient enseignés par des maîtres capables de leur apprendre les rudiments de la « bonne communication ». Or, les enseignants n'étant pas formés à ces techniques, on voit mal comment ils pourraient les transmettre ! Se pose d'ailleurs au passage tout le problème de « la forme » de l'enseignement, c'est-à-dire de la pédagogie.

Le Nouvel Observateur, dans un numéro spécial consacré au sujet « Qu'est-ce qu'un bon prof ? », en avril 2007, cite le Directeur adjoint de l'IUFM de Créteil : « *on considère encore qu'il suffit que le candidat veuille devenir professeur pour qu'il sache se débrouiller dans sa classe* ». Donc pas d'évaluation préalable de l'aptitude naturelle des candidats à bien communiquer avec un jeune public, commente Le Nouvel Obs. « *Les enseignants français titulaires sont exclusivement sélectionnés sur des critères de connaissances* » précise par ailleurs Georges Felouzis, sociologue de l'éducation. « *Aujourd'hui encore, lors de sa visite - tous les 7 à 10 ans - l'inspecteur va surtout s'attacher au contenu du cours pour noter le professeur. Bien dans l'esprit de cette tradition "Educ' Nat." où il suffit d'être très savant pour être très capable* », rapporte le magazine. Dans la même ligne, Brigitte Smadja, en photo en une du numéro en question, elle-même professeur et écrivain, définit le bon prof comme étant une personne « *ayant le souci de transmettre et de partager un savoir dont il est lui-même persuadé de la pertinence* ». Il est tout à fait étonnant de constater que pour beaucoup de personnes la capacité à convaincre dépend essentiellement de la conviction du communicant. Dommage que cette dame n'ait pas imaginé qu'un prof puisse être une personne disposant d'abord d'un véritable savoir-faire pédagogique, d'un savoir être, d'un savoir faire savoir, voire d'une véritable compétence en matière de communication ! Rêvons un peu et imaginons un prof capable de faire passer l'ensemble de ses messages... sans être forcément adossé à des convictions profondes !

Cinq ans plus tard, le même newsmagazine revient sur ce « marronnier » : « Qu'est-ce qu'un bon prof ? » (06.09.2012). En couverture, le titre (« *Sont-ils si nuls ?* ») ne vise pas les enseignants mais ici les membres du Gouvernement et le Président de la République ; cependant rien n'a changé. Le prof reste d'abord un expert dans sa matière, quasi incollable. Le système français l'y prépare bien. Le fond, pas la forme.

Pourtant, dans la vraie vie, les choses en vont différemment. On peut, par exemple, constater que lorsqu'un champion sportif se blesse avant une épreuve importante et que son avenir professionnel est en jeu, la chaîne de télévision ou la station de radio (qui recherche la meilleure information pour analyser et commenter la situation), ne va pas forcément interviewer le plus grand orthopédiste pour l'interroger sur la gravité de la blessure et ses conséquences pour l'intéressé. Elle ira chercher celui que les journalistes appellent un « bon client », c'est-à-dire un médecin (*même généraliste*) qui communique clairement, efficacement, synthétiquement et qui sait simplifier et illustrer ses messages. Elle préférera le meilleur vulgarisateur au meilleur spécialiste, si celui-là -ce qui est souvent le cas - n'est pas le meilleur porte-parole de sa spécialité.

En formation comme en information, le savoir ne peut pas être l'unique critère de légitimité à communiquer. Il est étonnant de constater combien nous sommes culturellement arc-boutés sur le fond, sur nos convictions, alors que bien souvent la transmission de l'information est d'abord un problème de forme.

Un rapport de l'Education nationale sur les problèmes des enseignants, effectué en 2002, cité dans le même numéro d'avril 2007 du Nouvel Observateur, précise que « *le projet pédagogique (de l'Education nationale) n'existe pas, que la pédagogie essentiellement de type oral et direct donne le monopole du discours au maître [...] Ils (les profs) ne dénoncent aucune mauvaise volonté, bien entendu. Juste l'absence de savoir-faire, de savoir transmettre* ». L'Education nationale semble méconnaître tant l'importance de l'adaptation du message à la cible visée, que l'absence de techniques pour communiquer. Les profs eux-mêmes, on ne peut les en blâmer, semblent bien souvent ignorer non seulement les techniques de communication, mais également leur existence.

Dans le même article, Bernard Guyenon, professeur de mathématiques et de physique donne son avis et affirme : « *il faut au départ un talent d'acteur* ». « *Mais si cette prédisposition manque ?* » interroge le journaliste… « *Eh bien tant pis !* » répond le journal… Et l'on plombe ainsi quelques décennies de jeunes élèves… !

Plus loin, Hervé Hamon, auteur de *Tant qu'il y aura des profs* et de *Tant qu'il y aura des élèves* donne un avis opposé : « *il existe un syndrome du « cercle des poètes disparus ». Le bon prof serait celui qui monte sur la table, qui a du charisme, qui est comédien, qui captive son auditoire et, au final, séduit ses élèves. Je récuse cette vision, c'est la figure d'un prof qui déposséde l'élève, en créant un courant de fascination. Or, la mission de l'enseignant est au contraire la construction de l'élève, sa formation au jugement et à la citoyenneté. Le but n'est pas que l'élève passe le programme, mais que l'élève y parvienne (...) le prof n'est pas un comédien. Il doit savoir trouver la bonne distance par rapport à l'élève.* » L'auteur semble ici vouloir dénoncer ce qu'il ne sait probablement pas faire lui-même, rejetant tout l'aspect pédagogique formel et émotionnel du prof du *Cercle des poètes disparus,* au profit d'une prétendue acquisition objective, constructive et rationnelle, par des élèves indépendants. Cette vision faussement idéaliste tend à opposer raison et émotion, fond et forme, comme si la seule intelligence de l'élève pouvait suffire à s'approprier le message, comme si l'impact du fond pouvait dispenser le prof de la forme, comme si, en outre, une proximité entre professeurs et élèves, pourtant, elle, bien présente dans le système anglo-saxon, était condamnable.

La sacro-sainte certitude de la richesse qu'est la connaissance à transmettre ne se suffit pas. Nous ne sommes pas des ordinateurs sur lesquels il suffit de transférer des fichiers ou de changer le disque dur. Nous sommes des êtres humains capables de s'approprier et de mémoriser des informations grâce au talent de nos enseignants. Que ceux qui n'ont pas encore le talent de monter sur la table, que ceux qui n'ont pas assez de charisme apprennent à en avoir, découvrent et pratiquent les techniques ! Ils s'apercevront alors que leur public réagira complètement différemment et qu'une partie de leurs problèmes, notamment avec des élèves difficiles, pourra disparaître.

Chacun connaît des exemples de vocations qui ont pu naître à la rencontre d'un enseignant sachant faire partager sa passion. D'ailleurs, il semblerait que l'émotion soit de plus en plus reconnue comme étant l'un des vecteurs facilitant la mémorisation : nous n'en sommes qu'aux balbutiements de la compréhension de l'intelligence émotionnelle.

Dans ce même dossier du Nouvel Obs, le philosophe Michel Onfray parle d'un de ses anciens maîtres : « *Son verbe, sa faconde, son humour, ses vacheries, sa drôlerie, son intelligence, sa culture, ses connaissances, son ironie, son art de faire de Lucrèce un contemporain m'ont immédiatement séduit. (...) Si je suis devenu ce que je suis, aux antipodes de ce qu'il est, c'est à lui que je le dois* ». La séduction (intellectuelle !) du prof sur l'élève n'empêche pas sa liberté, sa construction et son esprit critique. Nous avons tous, en tous cas je l'espère pour vous, été marqués par d'excellents professeurs, dont les cours resteront de grands souvenirs[9]. Ils savaient marier tant la « matière » qu'ils enseignaient que la « non-matière » qu'ils utilisaient pour nous la transmettre, laquelle n'est en rien une antimatière !

« Profs non formés, élèves sacrifiés » relate le magazine Challenges en décembre 2010 citant le slogan de jeunes enseignants manifestants. En cause : la réforme de leur formation entrée en vigueur à la rentrée 2010 qui a supprimé l'année d'alternance en Institut Universitaire de Formation de Maîtres (IUFM). Jusqu'à la Toussaint, les professeurs stagiaires n'ont eu pour la plupart que sept semaines de « pratique accompagnée » avec un maître formateur ou un collègue expérimenté. Depuis ils sont responsables d'une classe. « *C'est un vrai crime de laisser des jeunes profs aller devant les classes dans ces conditions* » s'exclame Laurent Bigorne, lui-même ancien professeur d'histoire. Sociologue, spécialiste de l'éducation à Sciences-Po, Marie Duru-Bellat confirme « *la France est le seul pays à s'en tenir à une formation académique. Partout ailleurs, les professeurs sont préparés à la pédagogie, à la transmission des savoirs. Face à leur classe, les enseignants se retrouvent souvent démunis* ». Encore une fois, il s'agit ici d'une approche typiquement française : seul le fond est pris en compte.

Vous l'aurez compris, à de rares exceptions près, ce ne sont pas les enseignants, avec leur bagage actuel qui sont réellement en mesure de faire changer les choses en matières d'aptitude à bien communiquer. Même si quelques-uns (*qui méritent nos applaudissements*) essayent contre vents et marées de conduire le changement...

Le Nouvel Obs, dans son dossier de 2012, donne la parole au généticien Axel Kahn, pour qui les meilleurs professeurs

---

[9] Remerciements personnels à Monsieur Mouterde, merveilleux prof d'histoire et géographie, et à Monsieur Xavier Lacroix excellent prof de philosophie.

associent l'enseignement au plaisir et valorisent leurs classes. Retenons son commentaire en synthèse de ce chapitre : « *Il faut d'abord qu'il y ait une bonne transmission. Certaines personnes ont un charisme naturel, d'autres doivent acquérir les techniques pour retenir l'attention, pour apprendre à être un bon émetteur. Ils doivent aussi maîtriser la réception du message par l'élève. Ce devrait être un des objets de la formation professionnelle des enseignants* ». Il ajoute par ailleurs qu'un bon professeur n'humilie jamais ses élèves et doit travailler sans relâche à conforter l'estime de soi de l'élève. Que n'écoute-t-on ici Axel Kahn !

# 6.

# LE FOND DU PROBLÈME : UN PROBLÈME DE FORME !

**L'apparence**

D'une façon générale, force est de constater que nous communiquons individuellement très mal, alors que nous sommes souvent persuadés du contraire ! Mais encore une fois, il n'est pas évident de dire à quelqu'un qu'il pourrait faire des progrès en matière de communication. Cela est souvent pris comme un affront, une remise en cause personnelle.

Très classiquement, quand on pense communication (je veux parler de notre communication interpersonnelle du type entretiens, réunions, exposés, débats, prises de parole en public de toutes sortes), aussitôt, on s'intéresse spontanément beaucoup plus au fond du message qu'à la forme. La forme est traditionnellement négligée, nous l'avons évoqué. Pour les esprits rationnels et éclairés que nous sommes, seul le fond est digne d'intérêt, l'aspect formel paraissant véritablement secondaire est rarement travaillé (par exemple, « répéter » une intervention de type convention d'entreprise avant qu'elle n'ait lieu, paraît souvent superflu aux Français - *qui connaissent leur sujet !* - alors que cette répétition est indispensable aux Américains). Trop souvent, nous pensons qu'un message, à partir du moment où il est intelligent, sera bien reçu, notamment par un auditoire de qualité !

Dans cette même logique, il n'y a pas si longtemps, à l'époque où le marketing n'existait encore pas, on pensait que de bons produits se vendraient seuls, que leur consistance serait le critère qui génèrerait la demande naturelle du marché. Cette démarche est encore celle du plus grand nombre. Peu importe, dans cette logique, le communicant, puisque c'est « le poids des mots » qui est censé remporter les suffrages. Dommage, pour reprendre l'ancienne signature de Paris Match, que l'on oublie le « choc des photos », l'image visuelle et sonore du communicant, c'est-à-dire toute la communication non-verbale.

Pour faire court, on peut dire que, globalement, dans notre système d'éducation français (si cela peut nous consoler, c'est à peu près la même chose dans la plus part des autres pays européens), non seulement on abandonne le jeune *non formé* à communiquer avec « les moyens du bord », mais on le prive d'un développement personnel qui lui serait plus tard fort utile.

Beaucoup pensent être tout à fait naturels (*je me méfie par principe de ce qualificatif que je réserve aux yaourts. On peut être en effet être « naturellement » mauvais*) en « laissant aller » la forme ; un éventuel travail sur la forme, sur leur image, paraît à certains digne de camelots, animateurs, présentateurs et autres fantaisistes de l'audiovisuel. Raymond Barre qui, dans les années 1990, disait dans une expiration *« je suis comme je suis... »*, se refusait d'utiliser des techniques jugées commerciales et opportunistes pour valoriser ses interventions. Peut-être aurait-il pu faire une autre carrière s'il n'avait négligé la forme[10]. Mais pour lui, un travail sur l'image aurait été probablement vécu comme un manque de sincérité et d'authenticité, et assimilé à une sorte de manipulation. C'est ce même ressenti (les mots se suffisent à eux-mêmes), que l'on a pu trouver chez Edouard Balladur[11] qui malgré une confortable avance dans la campagne pour l'élection présidentielle de 1995, a perdu pied face à Jacques Chirac. Lionel Jospin tout comme d'ailleurs Martine Aubry qui

---

[10] Pour mémoire, Raymond Barre était présidentiable.
[11] Souvenez-vous de son « Je vous demande de vous arrêter ! »

auraient pu l'un comme l'autre accéder à la fonction suprême, ont été, m'a-t-on dit, dans le même état d'esprit. Peut-être n'étaient-ils pas en « forme » ? Mais ce n'est pas une raison pour toucher le fond !

Dans la même veine, je discutais, il y a quelques années, avec un prêtre particulièrement brouillon dans ses homélies et qui donnait une image par trop agitée. Il terminait notre entretien par ces mots : « *je n'ai pas vraiment envie de vos techniques, je préfère laisser le Saint-Esprit œuvrer à travers ma bouche... !* » Il est vrai qu'il avait suivi les consignes de son évêque, qui, à propos de forme, avait refusé, malgré un besoin évident, les sollicitations avisées de perfectionnement qu'un proche (qui, lui, était excellent !) lui avait conseillé, écrivant même dans l'édito de son journal diocésain « *qu'il fallait laisser ces techniques aux représentants de commerce et autres bateleurs de télévision !*». Comme si le message qui était le sien, l'annonce de l'Evangile, pouvait se dispenser, au nom de sa nature divine, de l'utilisation de techniques de communication ! C'est une hérésie de penser que le message serait en quelque sorte dispensé de valorisation, de mise en scène et de toute approche qualitative sur la forme, parce qu'il aurait trait à Dieu ! Penser que le fond se suffirait à lui-même pourrait être apprécié, au contraire, comme un péché d'orgueil. Tout comme l'hostie était autrefois placée dans un ostensoir, n'est-il pas nécessaire que « l'habillage » du message, c'est-à-dire la forme, soit au rendez-vous ? C'est en partie à cause de ce genre de comportement que beaucoup d'églises ont été désertées.

Vous noterez au passage que les entreprises de produits de luxe soignent non seulement la qualité des produits (ses composants, sa fabrication) mais également sa présentation, son environnement, son univers. Dior, j'adore !

Dans cette même logique, une dernière illustration : c'était en 1999, je recevais un appel téléphonique de notre client Sony France. Alain Piveteau, son DRH, souhaitait que ma société puisse assurer une dernière répétition, avant une intervention importante, à l'un des dirigeants de la maison-mère, un japonais proche de M. Akio Morita, fondateur de l'entreprise. Cela semblait susciter une légère inquiétude chez mon interlocuteur. M. Morita devait initialement s'exprimer, en personne, à Paris, face à un aréopage de qualité, composé de nombreuses personnalités publiques françaises et étrangères. Etant tombé gravement malade peu avant la date de cette intervention (il allait décéder peu de temps après), le PDG de Sony avait demandé à l'un de ses plus proches collaborateurs de le représenter, et de délivrer à sa place le discours qu'il avait rédigé. Lors de notre répétition, soucieux de respecter scrupuleusement la pensée du maître, celui-là avait les yeux fixés sur ses papiers et les mains agrippées au pupitre : il lisait le discours vénéré d'une façon totalement linéaire et monocorde ! Sa préoccupation était de s'interdire strictement d'ajouter la moindre dimension personnelle à la prestation, pour respecter le sens et s'en tenir au fond ! Nous avons dû le convaincre que la censure qu'il s'imposait trahirait le message de son patron : nous lui expliquions qu'il était indispensable dans notre mode occidental de communication, qu'il « s'utilise » davantage par une plus grande implication personnelle dans son message, afin de soutenir les propos de M. Morita, que la forme soit au service de la valorisation des idées. L'ayant compris, il fallait voir alors avec quelle précipitation, quelle obéissance et quelle assiduité il s'était alors investi dans sa tâche !

Le DRH de Sony félicitera notre équipe pour le travail accompli.

Encore une fois, en France, chacun a tendance à privilégier l'aspect rationnel de son message : les données techniques, le bon raisonnement, le développement d'idées, l'intelligence du propos, la couverture de l'intégralité de son sujet. L'orateur se laisse souvent conduire par son message, il montre « qu'il connaît » la question. La forme est livrée aux aléas de la situation et n'est souvent pas au rendez-vous. D'ailleurs, beaucoup pensent indispensable d'asseoir leur intervention sur la diffusion de *slides*, inutiles et polluants, se réfugiant derrière ces béquilles pour - pensent-ils - briller de leur savoir. Nous en reparlerons.

Beaucoup n'ont pas compris que l'impact d'une intervention est essentiellement tributaire de la forme, c'est-à-dire de l'image du communicant, de la théâtralité qui sera la sienne, de la façon dont il s'utilisera et s'impliquera physiquement dans son message. Ce qui est évident pour nos clients après une formation l'est rarement avant.

Régulièrement, les entreprises investissent des sommes importantes en conventions de toutes sortes, réunions de cadres, de forces de vente de distributeurs ou de clients... avec strass et paillettes, orchestrées par de créatives sociétés d'événementiel. Tout est souvent bien léché... mis à part les interventions des dirigeants de l'entreprise. Bien souvent, ceux-ci n'ont pas reçu de (bonnes) formations aux techniques de prise de parole. Bien souvent ils pensent ne pas en avoir besoin, « ils ont l'habitude », et ne prennent pas souvent le temps de vraiment préparer, ni de répéter leur intervention. Bien évidemment, dans de tels cas, l'investissement est largement improductif et les collaborateurs ou les clients, loin d'être regonflés, repartent parfois démotivés. Nombreuses sont les interventions ternes ou déshumanisées de beaucoup trop de speakers, parfois même ce sont des « flops » ou des « bides ». Il n'y a généralement pas grand monde pour oser s'en plaindre quand ce sont les dirigeants qui sont sur scène.

A moins, bien sûr que l'actionnaire ne soit présent dans la salle. Ce qui fut un jour le cas chez Z.

Un dirigeant de cette multinationale allemande me racontait qu'un meeting européen réunissait en Autriche, à la fin des années 90, l'ensemble des dirigeants des pays d'Europe qui devaient présenter à tour de rôle leurs résultats. Ceux-ci, dans un grand nombre d'activités, particulièrement l'informatique, n'étaient, à ce moment-là, pas bons du tout, c'était la crise dans tous les pays concernés. On peut imaginer l'ambiance tendue qui pouvait régner dans cette convention. Or deux dirigeants, qui n'affichaient pourtant pas des résultats plus mauvais que les autres, furent limogés sur-le-champ au cours de ce week-end. Pourquoi ? Simplement parce que la forme de leur intervention avait été particulièrement lamentable. C'était la goutte d'eau de trop ! On pouvait penser que l'incapacité apparente à s'exprimer correctement n'était que le reflet de leur incapacité tout court. « *La forme, c'est le fond qui remonte à la surface* », disait Victor Hugo !

Inversement, on a pu voir de nombreuses situations où des prestations publiques de qualité (par exemple lors de la réunion annuelle des cadres de l'entreprise) ont permis des carrières fulgurantes. Un DRH d'Airbus, à l'époque EADS, me livrait cette observation : « *Dans notre groupe où la mobilité est importante, un cadre dirigeant change de poste tous les deux à trois ans. Dans ce laps de temps, il n'y a pas vraiment la possibilité d'obtenir les résultats significatifs de sa politique. En réalité, il est essentiellement jaugé et évalué sur son image !* » L'image dégagée, bonne ou mauvaise, sera souvent durable, en tout cas au moins jusqu'à la prochaine intervention. L'image positive d'un bon communicant sera quant à elle un élément attractif et séduisant. En effet, l'entreprise fait beaucoup plus confiance à quelqu'un communiquant clairement et efficacement, qu'à un individu semblant fade et confus, même techniquement compétent. Parallèlement, un bon communiquant saura dynamiser ses équipes et faire passer ses messages en de nombreuses occasions, ce qui constitue bien évidemment un atout important.

Lors de l'introduction d'une entreprise en bourse, il est fréquent d'entendre dire que l'élément moteur qui entraîne une recommandation à l'achat, de la part des analystes, est bien évidemment « la personnalité du dirigeant ». Qu'est-ce que la personnalité du dirigeant si ce n'est l'image qu'il projette ? Son attractivité, son leadership constituent un atout certain.

A partir d'un certain niveau hiérarchique, l'individu n'a pas trop droit à une erreur de communication ; on ne lui pardonne pas grand-chose. Il est fréquemment en représentation et son image doit donc être au rendez-vous. Certains peuvent critiquer cette « théâtralisation » et la refuser. Ils ont tort. Nous sommes toujours en train de communiquer. Alors, autant nous soigner et soigner notre communication.

**La beauté**

A ce propos, peu après une conférence, une étudiante m'interrogeait, sur le rapport entre beauté et charisme. Il est vrai que la beauté fait, en France, couler beaucoup d'encre, notamment dans les magazines people et féminins. La beauté physique nous attire à tel point que pour beaucoup d'interculturalistes, l'une des valeurs clé de notre latinité (partagée principalement par les Français et les Italiens) est un comportement tendant à une quête d'absolu et de beauté. Beauté dans l'art, beauté dans l'artisanat, il s'agit d'une tendance à aller vers cet idéal d'une façon inconsciente mais partagée par beaucoup d'entre nous. Il n'est pas étonnant que les entreprises françaises et italiennes se partagent la plus grosse part du marché mondial du luxe... et des produits de beauté[12].

Quand il s'agit de la beauté physique des personnes, et de l'attirance qu'elle peut provoquer, il existe une discrétion assez générale sur le sujet. Pourtant il est constatable que d'une façon totalement irrationnelle nous sommes soumis à une attirance de l'autre[13], en fonction de critères que nous

---

[12] L'Oréal a d'ailleurs fait de l'universalisation de la beauté son projet d'entreprise.
[13] A ce sujet, lire *Le Poids des apparences* de Jean-François Amadieu.

pensons personnels. Chacun d'entre nous dispose d'une sensibilité à l'apparence et de critères « de réception » en matière de séduction. Indépendamment d'une attirance sexuelle, la communication de deux personnes pourra être optimisée si l'une d'entre elle est sous le charme de l'autre. Une apparence esthétique, une plastique, en harmonie avec ses propres critères réceptifs, conduira à une émotion, facilitant la délivrance d'avantages ou de faveurs qui ne seraient pas accordés à une personne quelconque. On peut d'ailleurs imaginer que, d'une façon totalement inconsciente, cette beauté de l'autre puisse, dans l'instant, provoquer inconsciemment chez la personne soumise au charme, la création immédiate d'une relation exclusive, voire même la constitution pour elle d'un « couple virtuel » et développe irrationnellement chez elle une attitude de totale disponibilité. Quand ce ressenti est réciproque, ce que nous appelons le « coup de foudre » n'est pas loin !

Il est par ailleurs constatable qu'une personne particulièrement belle verra bien souvent toutes les portes s'ouvrir devant elle, avec une immense facilité et une grande complaisance. Le succès mondial de Brigitte Bardot en 1955 (*Et Dieu créa la femme*, le film de Vadim qui l'a révélée) n'était pas principalement dû à son talent de comédienne (qui a été d'ailleurs contesté par certains), mais beaucoup plus à une beauté exceptionnelle qui ensorcela le monde entier. Le choc provoqué dans l'opinion publique par l'assassinat du Président Kennedy a probablement été émotionnellement amplifié par le physique ravageur du défunt.

Le poids de la beauté pourra jouer dans toutes les relations interpersonnelles de l'individu quelles que soient les qualités intrinsèques de celui-ci, notamment dans une prise de parole en public qui n'est qu'une forme de communication parmi tant d'autres. Indépendamment du fait d'être beau (à l'image de Brigitte Bardot, Claudia Schiffer, Alain Delon ou Brad Pitt) un physique avenant constituera un plus exorbitant. Laurent Delahousse (quels que soient ses nombreux mérites professionnels[14]) n'aurait probablement pas eu une carrière aussi fulgurante avec un physique ordinaire. L'influence du physique (si celui-ci n'est pas d'une beauté parfaite, on lui reconnaîtra du charme) jouera un grand rôle dans les relations interpersonnelles : on remarquera que beaucoup de leaders, notamment en entreprise, en politique ou dans des mouvements associatifs relèvent souvent d'un esthétisme supérieur à la moyenne.

Ségolène Royal n'aurait probablement pas réalisé aux présidentielles de 2007 le score qui a été le sien avec un physique plus quelconque. Olivier Besancenot n'y aurait probablement pas obtenu son score (3.5%) qui ne correspondait pas du tout au ratio traditionnel de son parti, s'il n'avait eu son visage d'angelot sympathique. Anne Sinclair, quel que soit son talent journalistique, doit certainement une partie de sa réussite professionnelle à son physique. Empruntons à Marc Tronchot et Alain Hertoghe dans la biographie d'Anne Sinclair (*Anne Sinclair, femme de tête, dame de cœur* aux éditions Calmann-Lévy) qu'ils ont réalisée ensemble, un court extrait : (Nous sommes en 1975) « *pour sa part, DSK, comme tous les Français, ne peut qu'être sensible au pouvoir de séduction qui émane de la star de TF1 à travers la petite lucarne. Et il est sidérant, même pour un spécialiste expérimenté de l'opinion publique comme Roland Cayrol qui, à l'époque, s'est penché sur des études qualitatives consacrées à l'image d'Anne Sinclair sur TF1 :* « *c'était une espèce de mélange très étonnant de déification professionnelle incroyable et, en même temps, ce qui est très rare à la télévision, d'intensité émotionnelle à connotation sexuelle tant chez les hommes que chez les femmes interrogées* » *décrit l'ancien directeur de l'institut de sondages CSA.* ».

---

[14] En février 2010 Laurent Delahousse a reçu le Prix Roland Dorgelès dans la catégorie *Télévision* pour son attachement à la qualité de la langue française.

Il est évident qu'un avantage esthétique constitue dans la vie un avantage fantastique, à condition, bien sûr, qu'il n'y ait pas que la forme. Si seule l'image est au rendez-vous, cette charmante personne aura le rôle d'un pot de fleurs, à l'instar de ces « potiches de service » que l'on pouvait trouver autrefois dans certains talk-shows. Cet avantage peut certes avoir une connotation sexuelle, mais pas forcément. Il jouera indépendamment de l'envie physique de l'autre, notamment chez des personnes de même sexe. Même si c'est très injuste, il est manifeste qu'une très jolie fille (idem pour un garçon) a beaucoup plus de facilité qu'une personne d'une esthétique plus ordinaire, qu'il s'agisse de sa vie privée ou professionnelle. Il est évident que l'on est beaucoup plus avenant avec la première qu'avec la seconde et qu'une personne gâtée par la nature affrontera la vie plus facilement qu'une personne ordinaire. A ce propos, le professeur Philippe Raynaud, agrégé de philosophie et de Sciences politiques précise (dans *l'Expansion* de décembre-janvier 2013, page 26) : « *Les inégalités (sociales) dans les sociétés industrielles se traduisaient très visiblement dans les loisirs, l'habillement et la civilité. Aujourd'hui, elles apparaissent dans l'apparence physique intrinsèque. La beauté physique est un marqueur plus puissant que les formules de politesse.* ».

Le journal *Le Monde*, dans un papier du 25 mars dernier d'Annie Kahn, révèle que Joseph Halford et Hung Chia Hsu, deux chercheurs de l'Université du Wisconsin, viennent de démontrer que la beauté d'un PDG influence le cours de bourse de son entreprise, notamment dans les cas de fusions-acquisitions. S'appuyant sur le logiciel Anaface (anaface.com), ils ont calculé un « indice d'attractivité faciale » et ont mis en évidence que la côte de l'action s'apprécie davantage si le PDG dispose d'une belle tête... ce que la journaliste appelle « une prime de belle gueule » !

Cependant, ceux qui ne bénéficient pas d'une plastique hors normes ou même d'un avantage esthétique, ne sont pas pour autant écartés (heureusement !) de la possibilité de réussite. Le développement de leur présence, de leur charisme, de leur personnalité leur est possible par l'intégration des techniques de communication.

**Le look**

Il n'est pas possible de parler d'image visuelle sans mentionner l'image vestimentaire, c'est-à-dire celle qui est véhiculée par nos vêtements.

Lorsque nous abordons cet aspect avec certains éléments, il est fréquent de remarquer un décalage entre l'image perçue et celle qui est souhaitée, sans que les intéressés n'en aient évidemment conscience. La culture du vêtement, des couleurs, des matières, de la mode, des tendances et des assortiments n'est pas forcément le lot de chacun. Bien que nous soyons (*encore*), avec l'Italie, le pays de la mode, la connaissance des codes vestimentaires est souvent réservée à une élite qui ne manque pas de railler à voix basse les erreurs et les fautes de goût des autres, les incultes. Si dans le choix de son habillement un certain nombre d'éléments révèlent du bon goût, d'autres sont souvent conventionnels ou découlent de règles non écrites, culturelles ou des tendances du moment qu'il est bon de connaître.

En fonction de sa propre morphologie, de sa carnation, de sa couleur de cheveux, chacun par rapport à l'image qu'il souhaite véhiculer, doit (essayer de) trouver son style, c'est-à-dire le *look* dans lequel il se sentira bien, qui lui conviendra bien (et donc qui conviendra bien aux autres), qui sera en harmonie avec son statut, sa fonction, son entreprise, son ou ses public(s). Tous n'ont pas forcément conscience de l'intérêt de cette personnalisation et s'habillent parfois d'une façon quelque peu aléatoire révélant un résultat alors impersonnel ou malheureux. Ceux qui ont la volonté d'affirmer leur personnalité ne font pas toujours, eux non plus, les meilleurs choix et réunissent sur eux des éléments mal assortis ou relevant parfois de codes qui ne sont pas les leurs.

La solution semble être pour certains de s'enfermer dans un classicisme absolu, mais le risque est alors d'aller vers une totale dépersonnalisation. D'autres vont prendre exemple sur les présentateurs de télévision. Puisqu'ils sont des pros de l'image, ce sont certainement, pensent-ils à tort, des exemples à suivre ! Certains journalistes et non des moindres sont régulièrement habillés « comme l'as de pique », souvent les vêtements leurs sont offerts, prêtés ou vendus dans des conditions exceptionnelles, (pas forcément par de grandes griffes) et cela peut s'avérer dramatique. On a ainsi vu pendant plusieurs années un présentateur d'un JT du matin portant presque tous les jours, des costumes à très fortes rayures, qui auraient fait baver d'envie Rantanplan, le chien des Dalton.

Que faire alors ?

La solution est bien évidemment de s'ouvrir à la mode, au monde du vêtement, de prendre conscience de son style, des couleurs qui nous conviennent, des coupes qui nous correspondent, en fonction de notre budget, bien sûr, et de notre personnalité. Ces aspects d'image vestimentaire se doivent d'être bien traités ; une personne se sentira d'autant plus à l'aise si elle habite correctement les vêtements qui lui correspondent, et qui la valorisent. Une personne confortable dans ses vêtements se sentira bien, aura une propension à être heureuse, à sourire aux autres, à disposer d'un contact qui facilitera l'échange. Mais ce qui, dans notre pays, peut paraître assez simple pour les hommes ne l'est pas autant pour les femmes, surtout dans l'entreprise.

### L'image des femmes

Les femmes sont, du moins le dit-on, beaucoup plus sensibles que les hommes à ces questions d'apparence. Il est vrai qu'elles éprouvent souvent des difficultés à trouver leur positionnement dans cet univers terriblement masculin et souvent machiste.

Rappelons que leur accès aux professions du tertiaire a été essentiellement autorisé pour des tâches subalternes : elles étaient secrétaires à l'époque des machines à écrire et sont devenues assistantes avec l'arrivée des années 80 et de l'informatique. Même si elles disposaient des compétences requises pour des postes élevés, l'ascension professionnelle leur était interdite. Il était très exceptionnel de trouver alors des femmes à la tête d'une grande entreprise ou même dans des comités de direction. Durant de nombreuses années, Francine Gomez, PDG de Waterman était mise à toutes les sauces médiatiques, et a longtemps été le seul exemple de femmes aux affaires. Il est vrai que l'accès aux concours des grandes écoles était encore en France, au début des années 70, réservé aux hommes !

Aujourd'hui, les femmes ayant accédé aux fonctions de direction générale sont (un peu) plus nombreuses qu'à l'époque, mais leur « part de marché » reste particulièrement faible et, dans la plupart des comités exécutifs ou des comités de direction des grandes entreprises, elles sont en France, comme vous le savez, fortement minoritaires (à la différence des conseils d'administration ou de surveillance pour lesquels la loi Copé-Zimmermann a imposé des quotas). Celles qui ont pu atteindre les plus hauts sommets sont souvent à des postes de DRH ou de Dircom (on veut bien leur reconnaître des capacités maternelles et relationnelles). De très rares élues assurent une direction financière ou marketing, mais elles ne sont pas nombreuses.

Heureusement, peut-être sous l'influence des entreprises américaines, la situation va (doucement) dans le bon sens. Dans les formations que VerbaTeam dispense, essentiellement aux dirigeants des grandes entreprises, le nombre des femmes augmente un peu... Mais il reste beaucoup de chemin à parcourir. Se pose pour elles le problème de leur image, de leur positionnement face aux dirigeants mâles de leur entreprise. Une femme seule au comité de direction pourra faire une victime idéale et devra supporter des blagues douteuses ; elle pourra même se faire enfermer dans le rôle coincé « *de celle pour qui on est toujours obligé d'interrompre des propos grivois* ».

Comment exister, quelle attitude adopter, quelle image envoyer, quelle relations comportementales et quel comportement relationnel avoir face aux dirigeants masculins ? Comment marquer son territoire et ne pas se laisser marcher sur les pieds ? Comment établir une saine relation avec les personnes du sexe opposé ?

L'éventail des choix semblerait se jouer entre deux extrêmes : celui de la femme (très) sérieuse, plutôt classique et masculine dans son style, positionnée comme un homme d'affaires et excluant par son comportement toute idée de frivolité chez son interlocuteur, et, à l'autre extrémité, celui de la femme « séduisante » qui pourra, à tort ou à raison, être suspectée d'utiliser la gamme complète de ses atouts pour promouvoir sa carrière.

Observons que si la « promotion canapé » n'a pas été l'apanage des grandes entreprises publiques, les relations sexuelles ont existé toujours et partout. A une époque récente, *certainement* révolue, il était amusant, à l'instar du jeu des sept familles, de comptabiliser les couples constitués par certains présidents et leur dircom (femme) qui avaient la réputation, *certainement non fondée*, de partager plus que le plan média et la stratégie de communication. En caricaturant les choses, ce choix serait donc d'être soit un « mec » avec tous les attributs de la virilité, soit une femme prête à tout pour améliorer son sort, avec tous les stades intermédiaires entre ces deux extrêmes !

Ces situations ont clairement pu nuire à une reconnaissance objective des compétences professionnelles des femmes dans l'entreprise. C'est probablement pour éviter ce genre d'écueil que certaines ont préféré adopter une image de sévérité et de rigueur destinée à les protéger. Certaines d'entre elles m'ont d'ailleurs fait part d'un grand sentiment de solitude dans leur vie professionnelle.

D'autres profils de femmes peuvent être décelés dans l'entreprise : la mère, la « brave fille »... Quoiqu'il en soit, elles doivent bien souvent apprendre à oser, à demander, et à « faire carrière » comme les hommes le font. Elles doivent enfin s'attacher à maîtriser leur image. Ainsi, une fois les outils de communication maitrisés, chaque femme peut, dans ses rapports humains, utiliser sa sensibilité, son charme, son humanité, tout en restant professionnelle ; chacune doit assumer pleinement sa féminité sans bien sûr en abuser.

Au moindre risque d'interprétation, de dérapage, elle devra rectifier et rééquilibrer l'échange. Toute tentative masculine d'enfermement dans un rôle de « blonde de service », de potiche ou de femme facilement disponible ou, inversement, de femme coincée doit, bien sûr, être rapidement dénoncée. Il est tout à fait possible de conjuguer professionnalisme et féminité, d'être intelligente et gracieuse à l'instar d'une Christine Lagarde, Directrice générale du FMI, Claudie Haigneré du CNES, Inès de la Fressange qui a créé sa griffe, Sara Ravella, Directrice générale de la Communication de l'Oréal, ou encore Marie Cheval, présidente de Boursorama.

Heureusement la nouvelle génération de trentenaires, qui ont pu passer un peu de temps aux USA en entreprise paraît mieux éduquée. Il est vrai que le contexte juridique local ne facilite pas la bagatelle au travail. Aussi, au-delà de ces aspects de positionnement, l'image se doit d'être maîtrisée : la question à se poser est de savoir si l'image perçue par les autres est bien celle que l'on souhaite faire passer. N'oublions pas que si l'habit ne fait (*peut-être*) pas (*toujours*) le moine, il aide bien, néanmoins, à installer le personnage.

## L'impact

De nombreuses études, dirigées à l'Université de Californie (UCLA) dès les années 70 par Albert Mehrabian, Professor Emeritus of Psychology, et aujourd'hui incontestées, ont démontré (je résume rapidement) que, l'impact d'un message pour exprimer des sentiments (c'est-à-dire dans des situations où l'affect est important) passerait essentiellement par la forme : sur un impact global de 100%, le poids de la forme a été évalué à 93%, l'impact de l'image visuelle serait de 55%, celui de l'image sonore de 38%. Ces résultats sont souvent utilisés de façon abusive, étant attribués à l'ensemble des situations de communication interpersonnelle. Cela ne signifie pas que le message n'est pas important (surtout pas !) mais que, dans un grand nombre de cas, l'impact du message serait essentiellement dépendant du communicant, de la façon dont il exprime ses sentiments, c'est-à-dire de la forme.

L'impact du message est bien ce qui doit nous intéresser lorsque nous communiquons. La transmission de l'information à laquelle nous souhaitons voir l'autre adhérer ne peut être effective que si cet impact est au rendez-vous. L'impact, au-delà de la seule écoute, est la façon de toucher l'autre, d'obtenir une « résonance » chez la personne contactée. Celle-ci est liée à des aspects essentiellement émotionnels. Chez le récepteur (le public) ceux-ci sont notamment actionnés par l'expressivité.

La beauté plastique d'une comédienne ne suffit généralement pas à lui assurer une réussite professionnelle. La façon dont elle prend la lumière, son expressivité et notamment l'expression des sentiments, sa capacité de séduction, et bien sûr son jeu d'actrice sont également des éléments décisifs à son succès. « L'humanité » du communicant, c'est-à-dire sa personne, sa condition d'être humain, ses propres émotions, la façon dont, physiquement et émotionnellement, il va s'impliquer dans son rôle et vivre ce moment pour exprimer, pour porter son message : la mobilité de son corps, de son visage, (ses mimiques et ses expressions) de son regard, de sa bouche... bref, tout ce qu'une machine ne pourra jamais faire ; l'humilité, l'humeur, l'humour, l'humanité de l'homme communicant seront des facteurs essentiels.

Or, lors de diverses prises de parole, nous voyons trop souvent de piètres orateurs refusant de « s'utiliser » physiquement, continuant dans la facilité de leur médiocrité. Ils ignorent que l'impact de leur message est dépendant de leur image, que de véritables techniques existent, que celles-ci pourraient leur permettre d'être excellents ; certains n'osent pas changer (« *on m'a toujours vu comme cela !* ») de peur de surprendre, tant par rapport à leur image précédente que par rapport aux autres intervenants. Enfin, applaudis par de proches collaborateurs souvent complaisants (« *Très bien* », « *Bravo, Monsieur le Président* », « *J'ai bien aimé votre intervention, Monsieur le Président !* »...), ils tombent dans la facilité qui consiste à ne rien changer.

On retrouve la même chose en politique, où beaucoup de parlementaires se croient excellents, avec des formulations alambiquées et des effets de manche dignes de la III$^e$ République. Ceux-là ont été élus essentiellement à cause de leur étiquette politique (ou du ras-le-bol par rapport à la majorité précédente), et non grâce à leur talent de communicant.

Contrairement à des idées largement répandues, même les politiques ne travaillent pas, pas assez, ou mal, ces techniques de forme, alors qu'ils sont souvent accompagnés de coachs en communication. En réalité, ceux-ci[15] sont souvent là pour définir des stratégies de communication, écrire des discours ou préparer des réponses aux questions susceptibles d'être posées, mais n'ont que rarement ou qu'insuffisamment une action sur la forme (c'*est vrai qu'il*

---

[15] Citons, entre autres, Anne Meaux, Michel Calzaroni, Jacques Pilhan, Stéphane Fouks, Jacques Séguéla, Thierry Saussez, etc.)

*ne leur est pas toujours facile de dire les choses à certains clients* ).

Bien que mon entreprise soit essentiellement ciblée vers le monde du business, elle accueille de temps en temps, par prescription, des politiques de premier plan. Je recevais l'un d'entre eux en juillet 2011 : il envisageait alors une candidature aux élections présidentielles. Je constatai *de visu* un manque de prestance : l'intégration des techniques n'était pas au rendez-vous, son regard n'était pas maîtrisé, de nombreux auto-contacts parasitaient ses propos et cette personne ne disposait pas d'une image susceptible à mes yeux d'incarner la République. Et pourtant il avait été plusieurs fois ministre...

Une grande partie de la classe politique, notamment à gauche dans la nouvelle génération arrivée au pouvoir avec François Hollande, méconnaît les outils de la bonne communication. Bien sûr, on peut faire sans, mais c'est tellement mieux avec ! D'ailleurs, les nouveaux ministres, quels que soient les gouvernements, sont souvent interdits de parole à moins d'une validation préliminaire, ou se voient chaperonnés d'un communicant professionnel à même de déjouer les pièges et les impairs (ce qui est loin d'être inutile chez les membres du gouvernement issus de la société civile).

Sur un plan plus local - c'était dans les Yvelines - je garde en mémoire l'inauguration de la salle des sports de ma commune, avec l'intervention caricaturale de quarante-cinq minutes de *mon* (!) ex-député. Son visage partiellement caché par sa barbiche, son poignet droit alourdi par une imposante gourmette, son regard qu'il semblait vouloir dissimuler derrière ses lunettes, l'homme avait, pour l'occasion, manifestement *ressorti* le discours type qu'il « ajustait » en de pareilles occasions. Au bout de quelques lignes de lecture sur l'intérêt du sport pour « nos jeunes et moins jeunes », tous les invités n'avaient qu'une envie : fuir...en courant !

Un dernier exemple concerne la compétition en novembre 2012 pour la désignation du Président de l'UMP. Au-delà de cette désignation, beaucoup savent que l'élu de droite qui tient ce parti a de fortes chances de se retrouver Président de la République. Le combat est donc acharné entre François Fillon le leader et Jean-François Copé, l'outsider. Copé impose une gestuelle large, fédératrice, haute, extravertie. L'homme paraît souvent souriant, radieux, son ton est enjoué, stimulant. C'est un vainqueur en puissance. Aux antipodes, son concurrent est réservé, voire sombre. Sa gestuelle est réduite. L'homme ne se lâche pas. Il communique en informant, mais il ne s'implique pas dans son message, il ne le porte pas, il ne s'engage pas. Dommage : il se prive d'ampleur, d'impact. Fillon a beau avoir une personnalité qui est a priori plus appréciée des Français, Copé s'impose et n'est pas loin de rafler la mise.

On voit bien particulièrement dans cet exemple, l'importance de la maîtrise de la forme, de la nécessité d'adosser son fond (*de commerce*) à une forme maîtrisée.

**Soigner la forme**

Nous sommes en réalité très influencés par la forme des interventions, beaucoup plus que par les propos tenus. D'ailleurs, si vous interrogez le public à la suite d'une intervention orale, vous ne serez pas étonnés de constater que ce qu'il a retenu relève essentiellement de la forme : « *il a été bon (ou pas)* », « *on y croit / on n'y croit pas (*à son projet*)* », « *il y a un capitaine (ou pas) dans le navire !* ». Pour un débat, la priorité des journalistes et du public est toujours de savoir qui est le vainqueur, et non de s'intéresser réellement au contenu des programmes.

Un vieil exemple est particulièrement significatif dans ce rapport de la forme et du fond : le premier grand débat télévisé au monde où l'image d'un homme politique a été prise en considération remonte à 1960. Il s'agit du débat Kennedy - Nixon. A cette époque, l'Amérique vient de s'équiper massivement de téléviseurs et c'est la première fois au monde qu'un tel débat télévisé a lieu. Pierre Salinger, ancien journaliste et conseiller spécial de John F. Kennedy, souhaitait ce débat pour faire connaître son candidat, alors essentiellement connu dans le Nord-est des USA à l'Amérique entière.

Ce débat en quatre épisodes a excité - selon les propres termes de Salinger - tout le pays, à tel point que soixante-sept études seront menées immédiatement. Réalisées par différents organismes, elles vont pourtant toutes souligner que les Américains qui ont suivi le débat à la radio ont massivement voté pour Nixon, et étaient convaincus que ce dernier avait gagné. Ceux qui l'avaient suivi à la télévision avaient eux, massivement voté pour Kennedy. Comme ils étaient les plus nombreux, c'est évidemment Kennedy qui fut élu... Le « poids des mots » était probablement plus dense chez Nixon dont les messages étaient vraisemblablement plus qualifiés[16], mais la différence s'est réellement faite sur l'image, toute à l'avantage de son rival.

Kennedy avait de graves problèmes de colonne vertébrale et il est probable que c'eût été en fauteuil roulant qu'il eût fait un deuxième mandat. Néanmoins la morphine qu'il prenait pour soulager ses douleurs lui autorisait une vraie gestuelle. Souriant, son visage de beau gosse était mis en valeur par son apparence bronzée et souligné par une chemise bleue pâle et les dents blanches de son sourire. En face, Nixon, costume noir, cravate noire, sortait de l'hôpital. Il venait d'y passer trois mois pour une opération du genou et avait perdu dix kilos. Son visage était émacié, ses traits tirés, son col de chemise blanche paraissait trop grand pour lui. Semblant mal rasé (en fin de journée sa barbe brune avait repoussé), peu souriant sur l'ensemble de sa prestation, Nixon dégageait une image d'austérité.

---

[16] Vice-Président sortant, Nixon avait certainement une plus grande maîtrise des dossiers que son contradicteur.

Entre un « jeune premier » beau, bronzé, sympathique et souriant et un « croque-mort » tristounet et peu avenant, il est clair que le choix était vite fait : nous sommes particulièrement influencés par l'apparence ! Ce point est encore confirmé par le psychanalyste et écrivain Jacques-Alain Miller, lequel souligne l'importance de la forme à propos du débat Obama - Romney (*Le Point* du 25 octobre 2012) : « *Certes, on sait depuis longtemps que l'esthétique du débat compte davantage que la pertinence des arguments. Vêture, coiffure, posture, gestuelle, ton débit, cadence, tout fait signe...* ».

Un deuxième exemple, français cette fois, est le fameux débat Chirac - Fabius de 1985, au cours duquel le socialiste rétorque à son adversaire « *vous oubliez que vous parlez au Premier ministre de la France !* ». Rappelons-nous le contexte : l'actuel ministre des Affaires étrangères était un jeune Premier ministre qui pouvait sembler quelque peu hautain. Son objectif était, paraît-il, de faire sortir de ses gonds Jacques Chirac, qui avait la réputation d'être parfois soupe-au-lait, et par là de l'affaiblir en public. Laurent Fabius qui rentrait de Nouvelle Calédonie, avait peu dormi dans l'avion et n'était donc pas au mieux de sa forme.

Si vous avez vu le débat, vous vous souvenez peut-être que ses attaques contre son interlocuteur n'aboutissaient pas, et qu'il se fit rapidement épingler par Jacques Chirac, comparant alors ses agressions à celles d'un « roquet ». A cette attaque, Laurent Fabius répondit par sa fameuse formule : « *vous oubliez que vous parlez au Premier ministre de la France !* », qui devait lui coûter, durant de longues années, une dégradation sensible de son image personnelle auprès des Français.

Pourquoi ? Si la réplique n'est pas forcément la plus habile (face à un ex-Premier ministre) elle est, sur le fond, inattaquable. Fabius était bien le Premier ministre en exercice. D'un côté donc, un Jacques Chirac plutôt narquois et (presque) souriant ; de l'autre, Laurent Fabius plutôt froid.

L'essentiel s'est joué dans leurs comportements. Qu'a fait le premier ministre d'alors ? D'abord, il envoie sa formule à Jacques Chirac sans le regarder réellement, ce qui peut paraître assez méprisant. Ensuite, il utilise sa main droite comme un chasse-mouches, un « coup de plumeau » dédaigneux (en 1845, cela a justifié face au Dey d'Alger la conquête de l'Algérie !). A la vue de ces images, les Français se sont naturellement rangés du côté de la victime, et ont perçu Laurent Fabius comme un être méprisant.

Encore un exemple démontrant que l'image s'avère beaucoup plus importante que les mots utilisés. Il paraît d'ailleurs que Laurent Fabius a eu, par la suite, l'intelligence de reconnaître son erreur passée.

Il est clair que le corps ne ment pas et que nous avons toujours une tendance à croire beaucoup plus ce que nous voyons que ce que nous entendons. Alors faut-il en déduire que la forme est plus importante que le fond ? Oui, certainement en termes d'impact. La réalité des découvertes de Mehrabian ne fait aucun doute. Mais il ne s'agit pas pour autant d'opposer fond et forme. Le fond sans la forme (les discours auxquels nous sommes trop souvent confrontés !) ne passe pas. Inversement, la forme sans fond ne tient pas longtemps la route. Le talent oratoire d'un Jean-Marie Messier n'a pas empêché sa destitution à la tête du groupe Vivendi.

Un beau parleur ne restera qu'un bonimenteur et ne fera pas illusion bien longtemps. Pour l'opinion publique, Bernard Tapie est ainsi beaucoup plus à sa place dans un métier de comédien que dans ses anciennes fonctions ministérielles.

Puisque l'objectif de toute communication est bien de faire passer son message, c'est-à-dire de convaincre, pourquoi donc continuer à négliger la forme ? Probablement par ignorance et par manque d'objectivité. D'autres facteurs, comme la peur de se remettre en cause, la force de l'habitude, ou la croyance que le seul fait de dire les choses est suffisant empêchent tout changement. Trop de communicants se positionnent dans un rôle d'émetteur (« *je soutiens mes idées, je connais mon sujet, je n'ai pas besoin de préparer* ») et non dans une approche de récepteur (« *puisque l'impact de mon message est tributaire de la forme, alors je travaille aussi mon image pour ce public* »). L'objectif doit bien être de mettre la forme au service du fond, afin de faire passer les idées que l'on veut « vendre ».

A l'instar d'une majorité d'enseignants, beaucoup de communicants pensent que « la conviction » par rapport à leur message est LA chose qui permettra de le faire passer. Le fond qui « porte » le message, en quelque sorte. Se drapant par là dans une image d'intégrité et d'honnêteté, des hommes politiques, nous l'avons dit, ont entonné ce canon, laissant entendre que ceux qui pensent « techniques de communication » et non « conviction » pourraient être des arrivistes, sinon des manipulateurs. Grave erreur ! La conviction est certes un élément intéressant qui permettra d'intensifier (encore) son message, d'y mettre ses tripes, mais ce n'est pas l'élément déterminant. J'ai d'ailleurs souvent eu l'occasion d'entendre des dirigeants, à l'exercice, défendre une argumentation à l'oral, avant de soutenir vingt minutes plus tard avec autant d'acharnement et de performance l'opinion inverse !

L'efficacité des techniques de forme, c'est-à-dire « la bonne utilisation » de sa personne est beaucoup plus impactante que le fait d'être - ou non - convaincu du contenu de son message. Bien évidemment si vous êtes bons sur la forme et convaincus de vos propos, ce sera une excellente posture ; mais ne perdons pas de vue que certains managers ou certains politiques peuvent avoir à faire passer des messages auxquels ils ne souscrivent pas totalement eux-mêmes, mais qu'il est dans leur fonction de délivrer.

Récemment, au démarrage d'un séminaire que j'animais, un de mes clients m'indiquait que la seule chose qui l'intéressait était d'apprendre à faire passer sa conviction. Je lui demandais de patienter jusqu'à la fin de la matinée, et ne tardais pas à lui montrer la force de sa communication à travers la seule utilisation des techniques fondamentales : la relecture sur grand écran montrait un individu particulièrement convaincant, grâce aux techniques utilisées, alors que lui-même, au moment de l'enregistrement, ne comprenait pas grand-chose au texte qu'il délivrait !

Travailler les techniques de prise de parole en public pour optimiser l'ensemble de sa communication permet de comprendre la distance existant entre les deux parties en présence, l'émetteur et le récepteur, c'est-à-dire le communicant et son public. Nous l'avons vu, l'important n'est pas le message émis (à la limite, peu importe ce que vous avez voulu dire) mais le message reçu, ce que votre public a perçu. C'est donc le récepteur, ce public, qui doit totalement conditionner l'intégralité de notre prise de parole.

Il est à noter que la bonne communication s'inscrit totalement dans une démarche marketing : de la même façon que l'existence d'un bon produit ne suffit pas à assurer son succès commercial, un bon message ne suffit évidemment pas à convaincre. De même à l'école, un enseignement ne garantit pas l'intégration du cours par les élèves. En résumé, ce ne doit pas être le fond ou la forme mais, idéalement, les deux à la fois.

# 7.

## LE VERITABLE SECRET DES ORATEURS : MAIS QU'EST-CE DONC QU'UN BON COMMUNIQUANT ?

**Des techniques !**

Il est maintenant nécessaire d'entrer dans le vif du sujet. Mettons-nous tout de suite d'accord. Un bon communicant est, pour moi, quelqu'un de vrai, d'authentique, de naturel, de réellement humain. Il ne saurait être question d'attribuer cette dénomination à un individu passé à la moulinette d'un apprentissage robotisé. Non aux clones stéréotypés pratiquant uniformément les mêmes techniques ! Une technique qui se remarque rend ridicule son utilisateur. Imaginez des communicants développant les uns après les autres la même gestuelle... Ils en seraient risibles ! C'est la raison pour laquelle dans nos formations, nous insistons sur la nécessité de « digérer » les techniques pour les faire siennes, les fondre à sa personnalité qui s'en trouvera affirmée.

Cette bonne communication passe par un travail sur l'image. En entreprise comme dans la vie privée, quand on parle d'image, il ne s'agit pas, vous l'avez compris, simplement du « look » en tant que tel (l'habit faisant souvent le moine, c'est bien connu), même si l'image « statique » constitue déjà un premier facteur implicite d'appréciation. Il s'agit également et surtout de l'image « dynamique », c'est-à-dire du corps de chacun en « action », dans toutes les occasions de la vie : entretiens, échanges, négociations, présentations d'un projet, prise de parole devant de larges publics, type *convention*, confrontations ou débats.

Si l'individu « s'utilise mal » et reste coi ou figé, sa piteuse prestation l'enverra bien souvent au placard, et affirmera dans le meilleur des cas l'image d'un « technicien » connaissant probablement son sujet, mais incapable de nous le vendre. Si en revanche la personne sait « s'utiliser », comme un sportif de bon niveau sait le faire, elle saura alors prendre l'ascendant sur son public, le séduire, le convaincre et l'amener à un fructueux échange.

Ce rapport aux autres, bien supérieur au seul critère d'apparence physique et passive, repose sur sa « présence ». La maîtrise de ses déplacements, l'utilisation de son corps et notamment l'amplitude et la précision de sa gestuelle, la force, la puissance et la persistance du contact de son regard, sa capacité à maîtriser totalement le silence, à attaquer ses phrases, à varier son ton et réguler son débit, enfin à installer convivialité ou émotion (quand il l'aura décidé)… tout en gardant intactes l'authenticité et la simplicité de sa personne. Puisque les techniques auront été totalement digérées, c'est cette image « dynamique » qu'il est important d'être capable de développer, par delà les apports contre-productifs de notre éducation.

Or, tout cela se travaille : l'apprentissage de la prise de parole en public nous sensibilise au ressenti de l'autre, au recul qu'aura notre récepteur par rapport à notre message, c'est-à-dire à une prise en compte de la réception du message par un public souvent distant physiquement et naturellement critique, tant négativement que positivement. Les techniques de communication interpersonnelle utilisables face à un public sont de même nature que celles utilisables face à une seule personne. Nous verrons que les fondamentaux en sont communs. Cela signifie clairement que l'intégration des techniques fondamentales de communication permettra non seulement une aisance dans toute prise de parole en public mais également une qualité relationnelle dans les contacts quotidiens.

Dans ces différentes situations, c'est évidemment lors du premier contact que le langage du corps a la plus forte influence. Dans les deux premières minutes, votre interlocuteur (ou votre public) s'est intéressé successivement à votre visage et particulièrement à votre regard, à votre corps et à vos gestes, à votre look, et enfin à votre voix, avant de s'intéresser au message lui-même. Moment crucial puisque, comme vous l'avez souvent entendu, on a rarement l'occasion de faire deux fois une première bonne impression et que c'est généralement au démarrage que le trac fait ressentir ses effets néfastes.

Une élocution convenable étant considérée comme un préalable évident, cette bonne communication passe néanmoins par une prise de conscience, celle de la combinaison de quatre canaux de communication non verbale fondamentaux quasiment incontournables. L'utilisation de ces fondamentaux donnera un résultat particulièrement rapide et efficace qu'il serait plus facile de prouver avec une caméra et un écran qu'avec un stylo. Leur efficacité sera d'ailleurs particulièrement manifeste dans le cadre de prises de parole en public. Ce type d'interventions procure un effet grossissant, un effet « loupe » par rapport à l'ensemble des occasions de communiquer, démontrant la pertinence et la puissance des techniques essentielles.

Si ces quatre canaux, ces quatre outils sont maîtrisés, l'image instantanée du communicant paraîtra excellente. S'ils ne le sont que partiellement, le communicant pourra sembler médiocre. Il est d'ores et déjà intéressant de noter que la présence simultanée de ces quatre outils procure une prise de conscience objective, une grille de lecture permettant de constater la qualité technique du communicant.

Combien de dirigeants ai-je vu, non sans un certain plaisir, ouvrir des yeux écarquillés, en découvrant la force de ces outils ! *« Votre démonstration est extraordinaire… »* nous disent-ils régulièrement ; *« on aurait du nous montrer cela il y a 20 ans ! »*... Les commentaires sont systématiquement les mêmes. Il faut dire que la prise de conscience est radicale. Il n'y a évidemment aucun trucage ; nous utilisons simplement un exercice de lecture en public qui obligera « techniquement » nos clients à utiliser ces quatre canaux.

Désolé de vous décevoir si vous vous attendiez à des révélations fantastiques, ceux-ci n'ont rien d'extraordinaires, si ce n'est dans le résultat de la conjugaison de leur utilisation. Ces quatre canaux, vous les connaissez déjà, mais probablement ne les avez-vous pas isolés, et n'avez vous pas encore pris conscience de leur poids, de leur puissance, et de leur pouvoir.

Ces quatre canaux (dont les trois premiers doivent impérativement fonctionner ensemble) sont : le regard, la gestuelle, le silence, et le sourire. Arrêtons-nous quelques instants sur chacun de ces quatre éléments déterminants qui constituent le véritable secret de tous les bons orateurs.

## Le regard

Le premier outil, indispensable à (re)travailler, est le regard. Beaucoup pensent utiliser correctement leur regard. En réalité, il s'agit là d'un outil grandement sous-exploité, ou mal utilisé. L'orateur qui de son regard balaie rapidement son auditoire, ou qui regarde trop furtivement son public, se prive autant d'un véritable échange que d'une emprise sur ses interlocuteurs. De même, le communicant qui, relisant ses notes, ne prend pas le temps, lorsqu'il relève la tête, de regarder son public avant de parler, ne crée aucun contact, aucune communication… pour se réfugier bien souvent dans une monotone litanie de mots.

Il en est de même pour un entretien : imaginez que votre interlocuteur ne vous regarde pas ! Nous savons pourtant combien nous attachons de l'importance au regard. Beaucoup d'expressions courantes y font allusion : un bon regard, un regard loyal, un regard limpide. Un regard pas net, un regard de travers, un regard par en dessous, un regard en coin, un regard fuyant sont à l'opposé d'un regard franc, d'un beau ou d'un bon regard. « Les yeux dans les yeux » attesteront d'une honnêteté réciproque. Dans la prise de parole, les Américains parlent de « eye-contact » et ils ont complètement raison. La communication avec ses interlocuteurs, notamment dans une prise de parole en public, passe d'abord par « l'installation » d'un véritable contact par le regard. Un regard amoureux se dispense de parole. Un vrai regard soutenu en permanence a beaucoup d'avantages, notamment celui de concerner son public, de permettre à l'orateur de se déstresser, et d'avoir un véritable « retour » par rapport à ce public.

Supprimer le regard du communicant, même partiellement, c'est cacher sa personne, c'est interdire l'échange dans la communication.

Portant des lunettes noires, un certain nombre de personnages publics ou de Chefs d'Etat en sont l'illustration. Pour beaucoup d'entre eux, le port de lunettes de soleil est le moyen de dissimuler leur ressenti, leurs éventuelles faiblesses, sous une image fermée, lisse et impénétrable. En tout cas, ils entretiendront un mystère certain. Comme par hasard, ils sont, ou ont été, tous des hommes de régimes forts : Fidel Castro à Cuba, Francisco Franco en Espagne, Wojciech Jaruzelski en Pologne, Kim Jong-Il en Corée du Nord, Mouammar Kadhafi en Libye, le dernier Shah d'Iran Reza Shah Pahlavi, Augusto Pinochet au Chili, Josip Broz Tito en Yougoslavie et beaucoup d'autres dictateurs sud-américains ou africains. On pourrait même ajouter à cette liste le nom de l'ancien maire de Nice, Jacques Médecin, et s'étonner que les Niçois ne se soient pas insurgés contre un tel comportement anti-démocratique. Bien évidemment on trouve souvent une justification (soleil fort, yeux fragiles…) mais personne n'est dupe ! Le regard étant perçu comme « le miroir de l'âme », on comprend que certains aient tenu ou tiennent à le cacher !

Le regard est tellement essentiel qu'il nous arrive régulièrement dans les ateliers de conseil en image vestimentaire que dispense mon entreprise, de proposer à nos clients de changer de lunettes. Non que ceux-ci portent des lunettes noires, mais simplement parce que certains verres ont des reflets empêchant une vision dégagée pour l'auditoire. De la même manière, certains types de montures de lunettes portées un petit peu trop bas coupent le regard en deux. Un regard coupé perd de son efficacité et vient mettre en veilleuse la relation aux autres. Un bon regard doit donc être dégagé, et paradoxalement faire preuve d'une certaine fixité. Il fera ainsi passer un sentiment d'assurance, de sérénité, mais aussi de persuasion.

Dans nos formations, nous utilisons un exercice de conviction qui oblige nos clients à regarder réellement leurs interlocuteurs. Chacun se rendra très vite compte de la différence existant entre un regard « classique », usuel, approximatif, et un vrai regard. Dans le premier cas on obtient une attention toute relative ; dans le second on entendrait voler les mouches : la captation du public est alors manifeste.

C'est pourtant simple !

Encore faut-il apprendre à éduquer son regard, et par là à rompre avec des habitudes remontant à notre enfance et à notre éducation, notamment ce besoin de décrocher du regard, de baisser les yeux, de regarder ailleurs pour se concentrer sur ses pensées. Un communicant qui s'isole dans ses réflexions, ce qui est particulièrement fréquent, par une « fuite de regard », laisse en plan, abandonne son public pour lui ou leur préférer les acariens de la moquette, les dalles du plafond, ou la ligne bleue des Vosges. D'ailleurs, en matière de portrait, on considère généralement qu'une bonne photo est une photo où le sujet regarde l'objectif : elle génère alors une interpellation par le regard, tourné en direction du photographe. Une photo identique où le sujet regarderait légèrement sur le côté perdrait énormément en impact.

Lors d'une prise de parole, il est essentiel de savoir poser son regard sur son public, de le distribuer largement avec une fixité certaine, de conserver cet « eye-contact », quand bien même on serait en train de penser à la suite de son intervention. Le « face caméra », cet exercice qui consiste à s'adresser à un seul objectif - celui de la caméra - est heureusement, parfaitement maîtrisé par les présentateurs du journal télévisé. Imaginez un présentateur du J.T. de 20 heures qui régulièrement décrocherait son regard : il ne concernerait plus son public et on ne l'écouterait plus. L'avantage du prompteur est de lui permettre de rester en contact permanent avec son public. D'ailleurs, l'existence du lien entre la durée du contact visuel et le degré d'attrait, d'attraction entre émetteur et récepteur, est difficilement contestable.

En intervention publique, si l'auditoire regarde l'orateur, la réciproque n'est pas toujours vraie : sachons que le regard mutuel procure pourtant un sentiment de proximité, d'intimité, d'échange et d'attraction réciproque. Il suffit pour s'en assurer de regarder un couple d'amoureux ! En réalité, grâce à une excellente utilisation de son regard, l'orateur tient sa salle, accroche son public, ferre son auditoire et le conserve, bref s'empare du pouvoir de faire passer ses idées. Par ailleurs, le regard permettra un véritable échange, ce qui en termes de communication n'est pas la moindre des choses.

Le regard du bon communicant sert à voir, mais aussi, c'est essentiel, à être vu, c'est-à-dire à établir la relation des autres vers l'intervenant. Aussi, il peut arriver qu'une salle dans le noir ou une scène inondée de lumière interdise à l'orateur de voir son public. Peu importe, répondons-nous à nos clients, faites comme si vous le voyiez ! Lui vous verra, et aura cette impression d'échange qui est fondamentale. Jean-Marie Le Pen en vieux routier de la politique, l'avait bien compris quand il décida, il y a déjà longtemps, de troquer son bandeau sur l'œil contre un œil de verre.

J'avais été interrogé, il y a quelques années, par le directeur de la communication d'une grande banque française, pour auditer, à travers l'enregistrement vidéo de conventions internes, la prestation de son président, qui avait toujours refusé de se former. Notre rapport lui fit remarquer que les temps de regard trop courts sur son public risquaient d'être vécus comme un manque de respect et d'intérêt envers lui. Ce président préférait se réfugier dans ses notes pour coller au texte, plutôt que de prolonger l'échange visuel avec son auditoire. J'appris peu de temps après, que cet homme avait en interne l'image d'une personne méprisante. Ses prises de parole y étaient très certainement pour beaucoup. Peut être penserez-vous que cela ne l'empêchait pas de travailler et d'obtenir des résultats professionnels satisfaisants. Le fond *(...les fonds)* mais pas la forme ! Il n'empêche que son destin aurait pu être différent dans la tourmente que son entreprise allait traverser et qui allait mettre fin à son mandat.

Il peut aussi arriver qu'une personne s'isole en privant les autres de son regard. C'est le cas parfois du nouveau Premier ministre, Manuel Valls. Refusant en certaines occasions tout contact visuel avec autrui, l'ancien ministre de l'Intérieur semblait donner l'impression par là d'imposer sa vision et surtout de refuser l'éventualité de toute contradiction : ne regardant pas les autres, il interdisait toute objection à son propos. Cette posture parfois accentuée par une gestuelle verrouillée, les bras croisés, est peut-être délibérée mais elle risque, à terme, de délivrer une image non souhaitée.

Autre exemple du gouvernement Ayraud : je fus particulièrement surpris par les premières prestations de Najat Vallaud-Belkacem, porte-parole du Gouvernement et ministre des Droits de la Femme. Cette jeune personne dont le joli minois serait de nature à séduire, a tenu ses premières interventions face à la caméra dès le 16 mai 2012. Il était tout à fait surprenant de découvrir alors cette porte-parole sans le moindre regard vers son public. Cette jeune ministre lisait ses communiqués, le nez dans son texte, nous privant d'elle, de son contact, de son regard. Heureusement, elle s'est améliorée depuis !

Les débuts télévisés de Marie Drucker n'étaient guère plus brillants et faisaient preuve d'un grand manque de savoir-faire : la journaliste avait un mal fou à conserver son regard face à la caméra et ressentait le besoin irrésistible de décrocher. Dans ces deux exemples, il est important de prendre conscience que les téléspectateurs ont impérativement besoin du regard de leur interlocuteur. Sinon, ils regardent... la radio !

Une technique de comédiens permet de regarder une salle en donnant l'impression à chaque personne présente qu'elle est personnellement regardée : coupez votre salle en trois. Prenez appui sur un objet situé idéalement au niveau des têtes du dernier rang de chacun des trois tiers (par exemple un extincteur, un projecteur, un pot de fleurs...). Regardez, à tour de rôle, chacun de ces objets, avec fixité, en panachant l'ordre de distribution de votre regard : chaque personne de l'assistance aura le sentiment que c'est à elle que vous parlez ! Cette technique utilisable lorsque l'on voit son public peut également l'être si on ne le voit pas. Par exemple, les « trous noirs » aperçus entre des projecteurs éblouissant l'orateur lui serviront de points de repère pour poser son regard, et donner l'impression à chaque personne de l'auditoire qu'elle est regardée.

Enfin, avantage important du regard : la diminution du stress ! La capacité, dans une prise de parole, de pouvoir regarder son public, d'avoir un réel contact visuel avec lui, permet par ailleurs de diminuer le taux d'adrénaline du communicant. Phénomène bien décrit par le réalisateur Bernard Malaterre, Directeur des formations chez VerbaTeam : « *C'est ce que j'appelle l'effet Spielberg : quand Steven Spielberg réalise l'un de ses premiers films, « Duel », qui est une course poursuite entre un camion et une voiture, le spectateur ne voit jamais le visage du chauffeur du camion, ce qui augmente la menace sur le poursuivant et l'angoisse du spectateur. Spielberg utilise ce-même procédé dans* Les Dents de la mer, *je veux parler du n°1, celui qui a le plus d'intérêt : le requin est supposé mais n'est jamais montré (avant les images de la fin du film, imposées par les producteurs) ».* Le fait d'empêcher une relation visuelle « déshumanise » la situation et risque d'augmenter le stress de l'orateur. Inversement, faciliter le contact visuel entre un communicant et son public, lui permettra de distribuer son regard à ses interlocuteurs, lui facilitera grandement la tâche et le rassurera dans son intervention.

Le regard est donc le premier outil du communicant, le préalable indispensable à toute émission d'information. J'espère que vous comprenez toute l'importance de ce regard, de cet « eye-contact ». Cet outil, a priori si évident, est pourtant bien mal utilisé ! Mais nous allons voir que le suivant pose également problème au plus grand nombre.

**La gestuelle**

Dès que l'on parle de la nécessité de faire des gestes pour communiquer, les levers de boucliers sont nombreux. *« On n'a pas besoin de faire des gestes pour communiquer... Je ne veux pas parler avec les mains ! »* ou encore *« on n'est pas des pantins... ».* Il est étonnant de constater à quel point ces idées erronées sont communément partagées.

Il y a quelques années, l'une de nos conseils en image, intervenait à la télévision pour parler « look » dans une émission de Laurent Ruquier ; le débat dériva sur des aspects de gestuelle. Bien que spécialiste du vêtement, notre intervenante connaît parfaitement la nécessité de « s'utiliser » pour faire passer ses idées : elle défend donc ses convictions et est rapidement prise à partie par l'un des participants, lequel nie avec véhémence l'intérêt de la gestuelle, dénigrant « ces techniques stupides ». Il était tout à fait drôle de constater que toute l'argumentation anti-gestuelle de l'intéressé était, elle, soutenue par une gestuelle particulièrement animée !

Lorsque l'on évoque la gestuelle, soyez rassuré, il n'est surtout pas question de bouger dans tous les sens, de gesticuler comme une marionnette, mais simplement de retrouver notre naturel, ou plutôt ce qu'aurait dû être notre naturel si nous n'avions pas été censurés par notre éducation. Or, dans la vraie vie, en famille ou entre amis, lorsque nous voulons défendre un point de vue, faire passer une conviction, particulièrement lorsqu'il s'agit de moments chargés d'émotion (colère, joie, etc.) nous faisons des gestes, beaucoup de gestes, nous nous « utilisons ». Regardez la richesse scénique d'un Gad Elmaleh, malgré des textes légers.

Dans une prise de parole, où surviennent bien souvent des manifestations du trac, nous constatons classiquement que la gestuelle est inexistante : peu ou pas de gestes, les deux mains serrant le micro ou agrippées au pupitre comme un naufragé à une planche de salut, de nombreux auto-contacts (les mains l'une avec l'autre), un corps figé, voire au garde-à-vous. Et c'est comme cela que beaucoup, à priori, se croient « naturels » ! En réalité la conjugaison de notre éducation et de nos croyances avec l'absence d'apprentissage des techniques risque de faire de nous des individus souvent inexistants en termes de présence.

Or la gestuelle donne une force considérable à toute communication. Le même message, délivré tour à tour par quelqu'un d'inerte puis par la même personne qui soulignerait ses propos par une vraie gestuelle, n'a pas du tout la même portée. L'utilisation de soi, et principalement de ses bras, va permettre un véritable impact, une véritable présence. Il est bien évident qu'il nous est plus agréable de regarder un film qu'une projection simple de diapositives.

Quand nos clients, lors de notre première rencontre nous disent « *je veux rester moi-même, je ne veux pas ressembler à mon voisin...* » nous les rassurons pleinement et leur montrons que c'est bien souvent *maintenant* qu'ils se ressemblent entre eux, car ils ont les mêmes comportements, les mêmes blocages, les mêmes inhibitions, tout cela se traduisant par une pauvreté de gestes, de nombreux auto-contacts, des fuites de regard et des parasitages incessants.

Notre volonté est qu'ils redeviennent eux-mêmes, qu'ils retrouvent la personnalité qui aurait dû être la leur s'ils n'avaient pas été clonés par le moule culturel de notre « bonne éducation », qu'ils laissent « sortir » leur propre gestuelle, bref, qu'ils s'utilisent !

Notons qu'il est fréquent de rencontrer en France une référence à la gestuelle des Italiens (« *je ne veux pas faire des gestes comme les Italiens !* ») qui constitue un lieu commun erroné. Notre vision d'Italiens qui gesticuleraient en permanence et auxquels nous redouterions de ressembler est sans fondement sérieux. Si l'ancien royaume de Naples rencontre une oralité peut-être plus développée qu'ailleurs grâce à l'opéra et au théâtre, s'il existe plus au sud, une influence nord-africaine plus gestuelle, les Milanais ou les Turinois ne sont guère plus communicants que les Lyonnais, situés à la même latitude. Ce poncif a peut-être pu trouver son origine dans la *Commedia dell'arte* où les acteurs se devaient de forcer le trait (il est en effet important que le corps puisse exprimer les sentiments des situations jouées par des comédiens masqués).

En matière de gestuelle, Ségolène Royal est une belle illustration de nos blocages. Tout chez elle témoigne de la rigidité de son éducation. On a pu constater chez cette fille de militaire une pauvreté de gestes et une difficulté à s'utiliser, à s'impliquer, à faire des gestes, à se lâcher ou même à s'éloigner du pupitre. Dans l'émission *J'ai une question à vous poser*, diffusée en direct pendant la campagne présidentielle de 2007, elle fit d'ailleurs bizarrement le choix de se tenir à côté du pupitre. Peut-être sa présence la rassurait-elle... Personnellement, j'y vois plutôt un manque de maîtrise de la situation. Durant toute sa campagne, y compris son élection à la candidature lors des primaires socialistes, elle n'arrive que rarement à faire de vrais gestes, larges, hauts et puissants. On la voit se faire acclamer par des militants socialistes en délire et rester les bras ballants le long du corps ! Le contraste est étonnant. De temps en temps elle lève timidement la main. Il est amusant de constater que l'un des rares moments où nous la voyons les deux bras levés, fut lors de son voyage aux Antilles : deux Antillais venaient de lui attraper chacun un poignet pour lui maintenir malgré elle les deux bras en l'air en signe de victoire ! Pour sa défense, il paraîtrait que Ségolène Royal ait été victime, à plusieurs reprises tout au long de sa campagne, de gestes de militants masculins particulièrement déplacés. Une de ses proches m'indiquait que, serrant les mains de la foule en liesse qui cherchait à encourager et à toucher son icône, elle avait simultanément subi des caresses intimes qui l'auraient invité à éviter les *mains* de foule, et, probablement à se protéger par une gestuelle près du corps[17]. Cette pauvreté de gestes a terriblement contrasté avec l'étonnante prestation qu'elle délivra, quelques mois plus tard au Zénith de Paris.

Coachée par Dominique Besnehard, imprésario et comédien, c'est dans une robe bleue particulièrement souple, vous vous en souvenez certainement, et, les cheveux dénoués, qu'elle se livra à un show « à l'Américaine » calqué sur la campagne de Barack Obama dont elle était allée s'inspirer une quinzaine de jours plus tôt. Cela fut perçu comme totalement artificiel : faisant à plusieurs reprises scander le mot « Fraternité », sa gestuelle était large, ouverte, de grande amplitude. Beaucoup se sont demandé ce qui lui était passé par la tête et si elle n'avait pas fumé des substances toxiques ! Ce n'était en effet plus elle : son image n'était plus cohérente et ne correspondait pas à ce que l'on connaissait d'elle. Une image peut être modifiée, mais pas aussi violemment ! Il n'empêche qu'une gestuelle variée et raisonnable est très souhaitable pour bien communiquer.

En règle générale, l'auditoire, le public, nos interlocuteurs perçoivent beaucoup mieux notre propos si nous avons pu

---

[17] C'est d'ailleurs une posture partagée par beaucoup de femmes cherchant à s'abriter de regards jugés trop pénétrants.

physiquement « planter le décor » (par exemple, en isolant à gauche le passé et à droite l'avenir), appuyer notre message, lister nos arguments par des gestes compteurs (premièrement, deuxièmement, troisièmement…), montrer par le geste ce que nous voulons dire (en décrivant par exemple par des gestes larges la taille de notre entreprise), bref nous impliquer dans notre communication. Une gestuelle large est en effet souvent bienvenue et il est souhaitable qu'elle soit extravertie. Non seulement cette gestuelle est nécessaire pour l'auditoire, mais elle l'est également pour le communicant lui-même.

Il m'a été rapporté une expérimentation effectuée en Belgique à l'Université de Louvain-la-Neuve, dans les années 80 qui a mis en évidence cette importance. Des personnes entièrement ligotées sur leur siège (avec impossibilité totale de bouger la tête ou de lever le petit doigt) commettaient étonnamment beaucoup plus d'hésitations et de lapsus dans la lecture d'un texte, que lorsque, tout en étant assises sur les mêmes sièges, elles avaient leur liberté de mouvement. Le fait de pouvoir bouger physiquement, de faire des gestes, facilite étonnement la communication : pour libérer l'esprit, il faut d'abord libérer le corps !

Il y a quelque temps, une émission de télévision en a donné une autre illustration. Il s'agissait d'une contre-enquête diffusée en troisième partie de soirée. Celle-ci était consacrée à Richard Durne, l'individu qui, vous vous en souvenez certainement, a assassiné plusieurs élus du Conseil Municipal de Nanterre. Ce fait divers tragique s'était terminé par le suicide du meurtrier, lequel avait profité d'une seconde d'inattention des policiers pour sauter par un vasistas du Quai des Orfèvres. Le parti-pris journalistique (les journalistes ont tendance à axer leur reportage autour du parti pris qui est le leur) était, apparemment, de mettre en évidence une insouciance, une négligence sinon une inconscience des policiers chargés d'interroger l'assassin. Très rapidement, le journaliste de l'émission en vient à demander aux policiers concernés pourquoi ils n'avaient pas jugé utile de passer les menottes au prévenu. La question sous-tendait quasiment la réponse escomptée : la négligence. A la surprise du journaliste, les policiers lui répondirent que c'était volontairement, sciemment, que l'interrogatoire se passait sans entrave ! *« Nous avons l'habitude ! »* indiquèrent-ils *« Nous savons que si nous passons les menottes à un prévenu, nous n'avons aucune chance de le faire parler. S'il peut bouger, alors nous avons toutes les chances qu'il se mette à table ».*

Il en est de même pour n'importe quel individu. La liberté du mouvement facilitera l'expression[18]. La gestuelle pourra également favoriser la mémorisation. Dans cet esprit, les comédiens qui apprennent par cœur des textes avant de les jouer au théâtre, les mémorisent grâce à la gestuelle qu'ils déploient dans cet apprentissage.

L'implication physique dans son message est donc absolument nécessaire. Il s'agit non seulement des mains (en général, c'est leur utilisation qui pose prioritairement problème...) mais également des bras, voire du corps tout entier ! Une personne qui utiliserait ses mains en gardant les bras collés au corps aurait rapidement l'image d'un pingouin.

Il est très amusant, à la télévision, de voir ceux qui ont l'habitude de s'utiliser (les bons !) et ceux qui se glacent face à la caméra, et à qui il faudra au moins cinq à dix minutes de mise en route pour commencer à faire sortir les premiers gestes. Manque de chance, certaines ne passeront pas assez longtemps à l'antenne pour nous montrer ce qu'ils auraient été, à l'usage, capables de faire ! D'autres, sur des chaînes de télévision spécialisées ou secondaires resteront bien souvent figées dans un auto-contact, jusqu'à la fin de leur intervention !

---

[18] Certaines disciplines de thérapie modernes comme le « brain-gym », prescrivent l'utilisation de mouvements croisés pour débloquer et faire fonctionner ensemble les deux hémisphères d'un même cerveau.

Il est vrai qu'il n'est à priori pas facile, pour un communicant, de faire des gestes dès le démarrage de sa prestation, dès la première image perçue. Mais que chacun soit rassuré, la gestuelle, si elle n'est pas démesurée, paraîtra généralement tout à fait naturelle pour les téléspectateurs. Bien évidemment, cette gestuelle doit être idéalement « intégrée », libérée, adaptée, faire partie de la personnalité du communicant. Les prestations télévisées souvent caricaturales en termes de gestuelle et de mimiques de l'ancien Président Jacques Chirac paraissaient artificielles : les gestes semblaient la plupart du temps plaqués et peu naturels. Rajoutez-y l'outrance dans l'articulation et les liaisons, les sourcils levés, vous y retrouverez l'excellence de Laurent Gerra dans ses caricatures.

Cette expression « kinésique » doit non seulement être naturelle mais aussi maîtrisée. De minimes haussements ou mouvements d'épaules désarticulés et intempestifs ainsi qu'une légère mais fréquente rotation de tête pouvant laisser penser à une irritation au niveau du col de la chemise ont constitué des points permettant à différents imitateurs « d'accrocher » le personnage de Nicolas Sarkozy. Certes rien n'est interdit. Seulement, certains gestes accompagnent le message et facilitent sa compréhension tandis que d'autres sont à éviter. C'est notamment le cas de ces micros-réactions qui peuvent parasiter une intervention, et plus fréquemment encore des auto-contacts.

### L'auto-contact

Le grand adversaire de la bonne utilisation de la gestuelle, auquel les formateurs peuvent être confrontés, est l'auto-contact. De quoi s'agit-il ?

Simplement de cette habitude commune que nous avons tous de nous toucher, particulièrement les mains : nous aimons à nous les savonner, ou plus classiquement à nous les tenir, l'une sur l'autre, l'une dans l'autre, l'une avec l'autre.

Nous nous serrons la main, nous attrapons l'annulaire (et parfois même nous faisons tourner l'alliance autour du doigt), nous plaquons le bout des doigts d'une main sur ceux d'en face.

Pourquoi faisons-nous cela ? Est-ce parce que nous ne savons pas quoi faire de nos mains ? Nous le faisons inconsciemment et nous en avons pris l'habitude : cela rassure probablement l'enfant que nous sommes et qui a besoin d'une caresse d'encouragement. Il est d'ailleurs amusant de constater que sous stress, ce qui est généralement le cas lors d'une prise de parole en public, nous avons tendance non seulement à nous toucher les mains, mais également parfois à nous bercer, par petites oscillations de gauche à droite et de droite à gauche, voire à éprouver le besoin de toucher du tissu (comme un doudou) par exemple en attrapant le bas d'une veste ou en lissant rapidement notre cravate.

Les auto-contacts proviennent souvent du besoin de se replier sur soi, de se protéger, de s'encourager et de se sécuriser. « *Maman est là mon chéri !* »

Le fait de toucher une main proche, chaleureuse, caressante, charnelle voire sensuelle est évidemment a priori un élément rassurant. Il peut même parfois s'agir d'un avant-bras, d'un bras, d'une fesse (eh oui !) ou d'une cuisse. Le contact pourra avoir pour mission inconsciente de rassurer l'orateur et de le conforter dans le fait qu'il est bien là, tout entier, mais pourra aussi montrer à son public la difficulté qu'il éprouve à communiquer.

Bien sûr, se toucher les mains, la joue, l'oreille ou le nez quand on parle, faire un auto-contact de temps en temps n'est pas interdit. Le problème de l'auto-contact (et cela devient très visible au niveau des mains dans une prise de parole en public) est que, dès que l'on y a goûté, on recommence ! Il y a en effet un véritable phénomène « d'aimantation », d'attraction d'une main pour l'autre, d'ancrage et donc de répétition. C'est pire que du chewing-gum dont on n'arrive à se débarrasser ! Il s'agit là d'un véritable parasitage qui va systématiquement se reconduire, et ce bien souvent jusqu'à la fin de l'intervention ! Ce besoin fréquent et quasi permanent, outre son aspect répétitif (en gestuelle, ce qui est répétitif est souvent négatif), va entraîner une limitation, une non-exploitation, une « réduction » du communicant, c'est-à-dire une restriction de l'impact du message. Classiquement, ces auto-contacts vont souvent de pair avec des épaules recroquevillées, des gestes rares, réduits ou proche du corps : les bras sont parfois collés au tronc, la zone d'utilisation des gestes (quand ils existent) est très proche du buste. La gestuelle sera donc peu efficace, peu utile, privant le communicant de la véritable présence qu'une bonne gestuelle lui aurait octroyée pour soutenir son propos. En matière d'auto-contact, les femmes ont souvent les avant-bras en pare-choc pour protéger leur poitrine, les hommes comme les femmes sont parfois dans la posture du « nudiste », les mains en auto-contact au niveau du sexe.

A ce propos, je me souviendrai toujours avec plaisir de cette belle jeune femme, meneuse de revue du Lido qui, devant manager et encadrer une tournée à l'international, était venue dans mon entreprise pour être préparée à des prises de parole face à la presse. Au grand dam de mes intervenants, je m'étais personnellement investi dans ce dossier et occupé de cette cliente. Je garderai le souvenir de sa gestuelle pudique sur un corps parfait, les bras en protection (croisés sur la poitrine)... alors que l'essentiel de sa carrière s'était déroulé sur scène, en tenue d'Eve sous les projecteurs !

Certains hommes, et notamment ceux qui ont fait Saint-Cyr ou Polytechnique, se dévoileront plus souvent que d'autres en posture du « fusillé » (auto-contact, les mains dans le dos), sur le modèle d'ailleurs de la photo officielle de Jacques Chirac quand il était Président ; d'autres se complairont à se sécuriser par des mains dans les poches ou par des bras croisés, pourtant bien peu communiquant.

Depuis une quinzaine d'années, je m'amuse à sélectionner et à conserver des photos issues de journaux d'entreprises, de rapports annuels ou de publicités, pour la gestuelle des personnes photographiées. L'accumulation de certaines postures peu recommandables les unes à côté des autres, met particulièrement en lumière le caractère balourd et engoncé d'un grand nombre d'entre elles.

Il nous est nécessaire d'apprendre à « nous lâcher », à retrouver notre liberté d'expression, notre liberté de mouvement, en faisant purement et simplement disparaître l'auto-contact, cette mauvaise habitude qui a trop tendance à museler notre corps. Certains animateurs de télévision de deuxième rang, manquant complètement de techniques, éprouvent l'incessant besoin de se toucher les mains, quasiment à la fin de chaque phrase, donnant ainsi l'impression de vouloir se rassurer après avoir osé faire quelques gestes. En revanche, ceux qui maîtrisent leurs mouvements peuvent bien évidemment personnaliser leur style de communication avec une gestuelle assumée. Bien évidemment des éléments non contrôlés ou non maîtrisés dans cette gestuelle pourront nuire à l'image du communicant.

On est tous bien d'accord : c'est le corps, dans son ensemble, qui doit communiquer. De solides appuis des pieds (scotchés au sol) permettront une utilisation de soi, une implication physique dans son message, au même titre qu'un sportif de haut niveau en compétition. Une avancée du buste, procurant tant une verticalité au tronc qu'une réelle utilisation des bras et des mains, contribuera à la « présence » du communicant, débarrassé du besoin d'auto-contact.

La gestuelle est la deuxième technique indispensable à une bonne communication. Pour beaucoup, elle nécessite un apprentissage complet destiné à supprimer de longues années de mauvaises habitudes. Le PDG d'une filiale du Groupe CIC, à la fois énarque et polytechnicien, me confiait entre deux ateliers de perfectionnement : « *je m'aperçois que je n'étais qu'une tête, je viens de prendre conscience que j'ai aussi un corps !* ».

Tenir son auditoire par le regard, s'impliquer physiquement par la gestuelle sont donc deux des trois outils indispensables pour être un bon communicant. Nous allons voir que le troisième est a priori plutôt surprenant.

**Le silence**

Lorsque l'on parle de « techniques » au niveau sonore, il peut sembler paradoxal de penser aux silences. Pour beaucoup en effet, le silence n'est pas une technique puisqu'il s'agit d'une absence de son. Mais appréhender le silence comme une absence, un vide, un « blanc » comme on dit en radio, est une profonde méprise. Le silence est en réalité un outil fondamental de la bonne communication, bien utilisé par les bons communicants, très peu par les autres.

Le silence permet de valoriser ce qui vient d'être dit, de valoriser ce qui sera dit *après,* tout en créant un suspens. Le silence d'un orateur - et c'est essentiel - permet à ses interlocuteurs ou à son public de recevoir l'information, de la « traiter », c'est-à-dire de se représenter le message qui vient d'être délivré. Le silence permet à l'émetteur de classer ses idées - c'est-à-dire de préparer la suite. Le silence permet accessoirement de laisser respirer le communicant en donnant une respiration au texte. Le silence, enfin, permet de faire passer une image d'aisance et de confort.

Eh oui, dans une prise de parole en public, l'aisance d'un communicant est appréciée, consciemment ou non, par rapport à ses silences ! Nous allons voir qu'il s'agit d'un outil essentiel dans notre « paralangage » et qu'il va diriger toute la vie, toute la vitalité, tout le rythme, toute la « musique » de nos interventions.

Or, une fois encore, notre problème est d'ordre culturel. Nous avons appris depuis notre tendre enfance - et nos enfants apprennent toujours - à débiter à toute allure nos leçons. L'obtention d'une bonne note nécessitait un débit rapide dans la récitation des fables de La Fontaine ou des tables de multiplication. Quel que soit le sujet, la restitution des textes devait se faire rapidement, sans le moindre silence ou la moindre hésitation. Beaucoup d'enseignants accordent 20/20 à une récitation rapide, quelle qu'elle soit. Combien de parents pourtant bien intentionnés et connaissant certaines techniques théâtrales ont essayé de demander à leur progéniture de « faire vivre » leur texte par des ruptures, des accélérations et des mots valorisés ? Ils ont été déçus par la bérézina que leur initiative a pu provoquer dans la notation d'enseignants formatés.

Certains interculturalistes ont montré que les Français pensent qu'intelligence égale rapidité. Est-ce parce qu'ils les trouvent lents que les Français prennent parfois les Belges ou les Suisses pour têtes de Turcs ? C'est en tout cas pour cela que nous considérons qu'il est souvent nécessaire d'aller vite, de terminer le plus rapidement possible nos interventions. Peut-être est-ce aussi pour se débarrasser le plus rapidement possible de cette tâche ?

Cette absence de silences, de ruptures va entraîner pour l'auditoire une absence d'intérêt et une monotonie ; dans beaucoup de cas, le ton va devenir ronronnant, monotone, monocorde. La peur du silence (c'est-à-dire la peur du vide pour ceux qui n'ont pas appris à assumer le silence) va souvent entraîner, au choix : des bégayements, des « *euh* » à foison, des claquements de langue, des raclements de gorge, de mots parasites... et une diminution du niveau sonore en fin de phrase, venant invariablement redonner une linéarité rassurante à l'émetteur, celle de l'écrit. Beaucoup d'interventions sont truffées du même mot parasite (« *alors* », « *donc* », « *effectivement* », « *véritablement* », « *en fait* », « *je dirais* », « *quand même* », « *voyons* », « *disons* », etc.), celui-ci pouvant être inconsciemment répété des dizaines de fois. Le silence, dans nos récitations scolaires, ayant souvent entraîné une sanction négative, nous avons donc appris... à ne pas en faire.

Les cerveaux gauches des communicants que nous sommes fonctionnant généralement bien et étant capables de « traiter » des milliers de mots à la minute, nous pouvons aussi assister à une concurrence entre le cerveau et la bouche. Celle-ci n'est techniquement capable de prononcer que quelques centaines de mots à la minute, dans le meilleur des cas (si j'ose dire !). Le cerveau est quant à lui capable d'en traiter quatre fois à dix fois plus. Cette lutte éperdue entraîne fréquemment des phrases débitées rapidement, qui deviennent difficilement compréhensibles (à moins de tendre l'oreille avec attention, ce que nous ne sommes pas capables de faire très longtemps). Les mots se bousculent, se télescopent et les phrases accélérées sont parfois même tronquées, puisque l'émetteur en est déjà à l'idée suivante ! Le silence peut donc déjà présenter un premier avantage, ralentir le débit.

Beaucoup savent que le silence a un rôle. Ils ont pu constater que dans certaines négociations, les premiers qui reprenaient la parole étaient souvent ceux qui perdaient. Mais ils n'ont pas toujours réellement pris la mesure de l'importance des silences dans la communication. Son principal atout consiste à permettre la réaction, la captation du message par le ou les récepteurs. En effet nombreux sont les messages stratégiques délivrés dans certaines conventions d'entreprises dont il ne restera rien une fois l'événement terminé, et cela par simple manque de silences.

Il s'agit bien là d'un temps actif, voulu, décidé, mesuré par l'orateur, qui n'a rien à voir avec un temps subi. Les silences sont absolument indispensables pour aérer une intervention. Comme le souligne Charles Cassuto, spécialiste en communication dialectique, « *les cerveaux hyper-sollicités du public sont en permanence en overdose de communication* ». D'où l'importance des silences !

J'expliquais cela un jour à un journaliste de presse écrite avec qui je déjeunais et auprès de qui mon attachée de presse avait dépensé beaucoup d'énergie pour obtenir un papier. Nous étions à Paris, dans un sympathique restaurant méditerranéen de la porte Maillot, *Le Sud*. Le journaliste qui m'écoutait d'une oreille distraite à propos des techniques que nous dispensions, m'interrompit sans grande conviction pour me dire qu'il ne percevait pas vraiment l'intérêt des silences. Pour toute réponse, je lui demandai alors ce que le nom du restaurant, « le Sud », évoquait pour lui : « *si quelqu'un utilise ce mot de trois lettres dans un message, dans un discours, à quoi pensez-vous ?* » Sainte-Maxime dans le Var, l'endroit où il allait fréquemment l'été, lui arrivait spontanément à l'esprit. Je lui fis remarquer que pour d'autres personnes, ce mot pouvait évoquer tout aussi bien la Nationale 7 que Saint-Tropez, Marseille que Marrakech, le pistou ou l'huile d'olive, les incendies de forêts ou les cigales, et des tas d'autres choses encore ! Ce mot de trois lettres évoquera des notions, des images, des concepts complètement différents en fonction de chacun.

« *Pour moi, le sud c'est le Cap d'Antibes, là où j'ai passé ma tendre enfance* » expliquai-je au journaliste. « *Lorsque quelqu'un me parle du sud, évoque le sud, et me laisse seulement une ou deux secondes pour me représenter « mon » sud, je pense au Cap d'Antibes au début des années 60, à ma petite école entourée d'oliviers et je me remémore particulièrement le parfum des roses* » me dévoilai-je ! A l'époque, plusieurs rosiéristes (notamment les Meilland), étaient implantés sur le Cap et leurs serres étaient nombreuses, ce qui n'est plus le cas aujourd'hui. La belle saison nous enivrait du parfum des roses, de ce parfum délicat, riche et capiteux, si spécifique à cette fleur. Ce sont ces souvenirs sensoriels qui surgissent à mon esprit, à la simple évocation de ces trois lettres... à la seule condition que l'émetteur prenne le temps d'un silence ! Une à deux secondes suffisent après le mot, pour que je puisse me représenter les choses, c'est-à-dire revoir, sentir et ressentir, revivre le Cap d'Antibes de mon enfance, m'enivrer de son parfum de roses (*à chacun sa madeleine !*)...

Si l'orateur ne prend pas le temps du moindre silence après ce mot, *le sud*, avant de passer aux mots suivants, celui-ci sera, pour celui qui l'écoute, vide de sens ; il sera entendu, aussi bien que si cela avait été le nord, l'est ou l'ouest, mais n'aura rien déclenché dans le cerveau des interlocuteurs. Pour beaucoup d'orateurs, le problème est ici : sont délivrés les uns à la suite des autres des mots importants, stratégiques, déterminants pour l'entreprise (beaucoup plus riches de sens que « mon » sud), mais sans silence pour les accompagner, pour les souligner, pour les valoriser. Ils sont écoutés mais ne sont pas réceptionnés, car ils n'évoquent rien, ils « n'impriment » aucune image, parce qu'aucun silence n'aura permis à chaque membre de l'auditoire de visualiser individuellement le message, de se représenter personnellement les choses. Au-delà de la réception proprement dite du message, les silences permettent l'impact : le sens des mots ayant atteint le cerveau, l'émotion pourra alors envahir l'auditoire. A lire la page entière que mon invité avait rédigé dans son journal, je m'aperçus que mon exemple l'avait convaincu.

Les silences sont donc de la plus haute importance. Il n'est pas question d'en abuser - une technique qui se voit devient ridicule - mais de les utiliser à bon escient. Le silence est en lui-même un atout essentiel. Il ne s'agit pas, vous l'avez compris d'une hésitation qui s'éterniserait, mais d'un silence maîtrisé, assumé. La prise en considération des silences va permettre des pauses, des ruptures qui permettront d'échapper à la linéarité des propos pour introduire de la variation et de la vie. C'est au moment où nos clients commencent à maîtriser le silence qu'ils prennent conscience de sa force, de la puissance qu'il leur apporte. Ils prennent alors possession de leur salle, de leur public, et commencent à éprouver une jouissance qui n'appartient qu'à eux.

Il est important que nous apprenions à faire des silences, à bien les vivre, à nous sentir « confortables » dans le silence. Cet apprentissage va à l'encontre de nos habitudes... et de nos acquis scolaires. A l'exercice, c'est en apprenant à déponctuer un texte écrit pour le faire (re)vivre à l'oral, à transformer le message en une suite de mots dans laquelle le confort du communicant sera amené par une pause décidée par lui seul, que le silence devient peu à peu un moment confortablement vécu. La maîtrise des silences à l'oral permet - suprême bonheur - de découvrir pour tous ceux qui se livrent à cet effort, un ressenti étrange et excitant, un sentiment conjugué de réel plaisir et de puissance qu'ils n'osaient soupçonner. Probablement ont-ils l'impression de devenir « maître du temps » et maître des lieux, regardant leur public, gestuelle ouverte, souriant à chacun sans ne plus éprouver le besoin de parler, de boucher des silences. Ils sont dans l'écoute, dans l'échange, dans un sentiment de bonheur.

Ces trois premières techniques (regard, gestuelle, silence) sont donc absolument indispensables pour être un bon communicant.

- Un orateur qui regarderait correctement son public, qui aurait une bonne gestuelle, mais qui ne ferait pas de silences, serait rapidement abandonné par son auditoire.
- Un orateur qui ferait des silences avec un bon regard vers son public mais qui n'aurait pas de gestuelle n'existerait pas, faute de présence.
- Un orateur ayant une bonne gestuelle et de bons silences mais qui ne regarderait pas son public ne communiquerait pas avec lui.

Ces trois outils sont, ensemble, indispensables pour être un bon communicant. Si vous en doutez encore, les formateurs de mon entreprise se tiennent à votre disposition pour vous le démontrer, caméra au poing. Il existe enfin un quatrième outil qui ne peut être présent en permanence, mais n'en est pas moins indispensable : le sourire.

## Le sourire

L'un des premiers exercices que nous demandons à nos clients est de se présenter, d'effectuer leur présentation face à un public. Très régulièrement, ils nous parlent de leur vie en entreprise comme étant passionnante, trépidante, riche d'expériences, alors que leur visage nous indique le contraire et semble être celui d'une personne vivant un calvaire. Aucun sourire, aucune mimique si ce n'est de la crispation, pas d'émotion. L'enregistrement vidéo met ultérieurement en exergue le décalage pouvant exister entre l'image visuelle et les mots utilisés.

A croire beaucoup de communicants qui ne s'autorisent pas à sourire, la culture de certaines entreprises est telle qu'il n'y est pas possible d'annoncer le moindre message en souriant : « *vous n'y pensez pas ! Ce n'est pas le style de la maison !* ». En effet, de mauvaises habitudes liées au stress, au trac, à la volonté de faire sérieux et à différentes raisons individuelles, ont enfermé beaucoup d'intervenants dans un registre austère. Et pourtant, le sourire est tellement bienvenu !

Le sourire n'est pas le sourire figé ou automatisé que l'on a pu voir à une époque chez certains animateurs de télévision (vous souvenez-vous de Patrick Sabatier ou de Jean-Pierre Foucault dans *Sacrée Soirée*, et de Jacques Chirac en préambule de certaines interventions ?) ni la grimace faussement conviviale, une sorte de rictus à la Michèle Alliot-Marie lorsqu'elle déclarait : « *Je suis heureuse, Jean-Pierre Elkabbach, que vous me posiez cette question...* » qui laissait aisément deviner les sentiments réels.

Le sourire peut être large, franc, naturel et sympathique dans beaucoup d'occasions, mais il peut aussi être plus subtil : un sourire au coin des yeux et à la commissure des lèvres pourra être tout à fait présent, à certains moments, dans des circonstances plus nuancées.

Il est en tous cas indispensable : une intervention complète n'est pas envisageable sans le moindre sourire.

Par provocation, nous avons l'habitude de dire dans nos formations qu'un DRH qui annoncerait des mesures de licenciement d'une façon fermée, sans aucun sourire, pourrait passer pour un monstre froid et insensible, un tueur. Il n'est évidemment pas question de sourire lorsqu'il va faire une annonce négative ou utiliser le mot *licenciement* en tant que tel. En revanche, lorsqu'il sera question de mesures d'accompagnement, de projet d'entreprise pour ceux qui restent, ce sera, là, l'occasion de sourire. Cette variation dans les mimiques, c'est-à-dire dans l'expression du visage, apportera un peu d'humanité et de convivialité. Avez-vous remarqué les interventions télévisées de Michel-Edouard Leclerc ? Chaque fois que les Centres Leclerc sont mis sur la sellette dans des situations qui risqueraient bien de déboucher sur une crise, c'est lui qui intervient. Son sourire, sa convivialité désamorcent systématiquement les pires attaques.

Le sourire a l'avantage d'être un geste « qui touche à distance » et qui fait passer la « condition humaine » du communicant, sa bonne humeur, sa générosité, sa disponibilité, sa complicité et parfois son assurance auprès de son public. Or nous sommes beaucoup trop souvent dans un registre où nous ne voulons rien laisser paraître. Sans aller dans des cas aussi extrêmes qu'une prise de parole pour annoncer des licenciements, il est important de comprendre qu'un auditoire est sensible aux expressions du visage, aux mimiques et sera séduit par les sourires. Nous sommes naturellement attirés par les personnes sympathiques prêts à les écouter et les suivre, et avons envie de fuir les antipathiques.

Le public est demandeur de sourires... Qu'on lui en donne ! C'est d'ailleurs ce qu'a bien compris la présentatrice et journaliste Elise Lucet (France 3) qui a une facilité, quelle que soit son humeur ou son message, à sourire d'une façon paraissant naturelle.

Ségolène Royal est également dans ce registre. Lors des élections présidentielles de 2007, toute sa campagne électorale (à l'exception de son débat perdu face à Nicolas Sarkozy) est agrémentée, éclairée, illuminée par son sourire. Celui-ci est quasi omniprésent sur son visage de « Madone ». Il n'est pas étonnant de constater qu'un sondage réalisé pendant la campagne montrait qu'elle paraissait sympathique auprès de trois quarts des Français, de gauche comme de droite ! A chaque attaque sur son rôle de porte-parole de la gauche, ou sur les idées qu'elle était censée défendre, elle rétorquait en faisant systématiquement référence aux électeurs. Elle avait bien compris que son image grand public (« *une illusion* » dira plus tard Lionel Jospin), assise sur son sourire radieux et son beau visage, était beaucoup plus fort que n'importe quel développement d'idées. Malheureusement pour elle et sa carrière politique, Ségolène est aujourd'hui à un âge où les années comptent beaucoup : ce qui fonctionnait en 2007 ne fonctionne plus en 2014. Les liftings ne font qu'atténuer de la ménopause l'irréparable outrage. Certes, elle a su rester une belle femme souriante, mais certainement moins séduisante qu'en 2007.

Du même bord et quelques années plus tôt, Lionel Jospin, compte tenu de son incapacité à sourire, n'a pas généré une image sympathique. Même à l'Ile de Ré, on n'a pas vraiment envie (désolé, Lionel !) de passer un week-end chez les Jospin. Il est étonnant de le voir sur le perron de l'Elysée, en juillet 1997, raconter avec une tête d'enterrement, sa joie d'avoir été nommé Premier ministre par le Président de la République quelques minutes plus tôt. C'est au même endroit et avec la même sinistrose, qu'en juillet 2012, il déclare être heureux d'avoir été désigné par François Hollande à la tête de la commission de Rénovation et de Moralisation de la Ve République ! Jean-Marc Ayrault, avec pourtant le physique avantageux qui est le sien, lui a manifestement emboîté le pas. Le poids de la charge semble avoir définitivement anesthésié ses zygomatiques.

A condition que le sourire ne paraisse pas benêt, il est bien évident que les gens sympathiques et souriants nous attirent : on va vers eux aussi naturellement que l'on évite les gens tristes et antipathiques. *Smile* !

D'ailleurs, en fonction de votre sexe, de votre âge, de votre sexualité ou de vos goûts personnels, vous appréciez certainement ces actrices ou ces acteurs qui vous font ou vous ont fait « craquer » avec leur sourire fabuleux ou ravageur : Sophie Marceau, Brigitte Fossey, Cameron Diaz, Julia Roberts, Brad Pitt, George Clooney, Patrick Bruel, Gad Elmaleh et tant d'autres...

J'espère vous avoir à peu près convaincu du poids des 4 outils fondamentaux pour être un bon communicant : regard, gestuelle, silence et sourire. Au-delà de ces canaux de communication non verbale, il existe des éléments importants comme la respiration, la verticalité du corps, la gestion des émotions, la structure du message... Mais les éléments essentiels, stratégiques, prioritaires à travailler sont là, et bien là, et leur efficacité est infaillible.

D'ailleurs, dans une intervention publique, que fait un mauvais communicant qui entre en scène ? En général, il ne regarde pas son public : il le fuit en se réfugiant dans ses notes. La gestuelle est souvent fermée, et quand les mains ne sont pas agrippées au pupitre, l'intéressé porte l'anxiété sur son visage et ne sourit pas. Il démarre rapidement et ne fait pas de pause, il n'a qu'une envie : se débarrasser au plus vite de son intervention.

Cela n'a évidemment rien à voir avec une personne qui entre posément en scène, ouvre sa gestuelle, sourit à son public en le regardant. Elle n'a pas encore parlé, mais elle a déjà rallié à elle son auditoire et fait passer beaucoup de choses dont nous allons maintenant parler.

# 8.

# LA COMMUNICATION : UNE VALEUR AJOUTEE

**Oser changer**

Avez-vous remarqué qu'en période électorale, il y a parmi les Français autant de spécialistes en communication que de sélectionneurs de l'équipe de France de football en période de coupe du Monde ? Non seulement les journalistes de presse écrite, de radio, de télévision, d'Internet, les universitaires, les sociologues, les responsables d'instituts de sondage, les fonctionnaires, les philosophes, les chercheurs, les médecins, les comédiens, les animateurs télé, les « people », sans oublier les chauffeurs de taxi et les patrons de bistrots, mais tout-un-chacun y va de son commentaire et de son analyse ! Or, la plupart du temps, peu nombreux sont ceux qui disposent d'une grille de lecture appropriée ; ils ignorent que leur ressenti et leur affirmation pourraient être fondés si ceux-ci reposaient sur de véritables connaissances techniques. Ayant eu l'occasion de prendre une fois ou l'autre la parole en public, la plupart des gens font confiance à leur expérience, à leur vécu. Ayant toujours fait « avec les moyens du bord », ils ne s'en sont, pensent-ils, pas si mal sortis (la mémoire est sélective !). Beaucoup n'imaginent donc pas que des techniques puissent exister. Et de toute façon, ils rejettent par avance l'introspection et se méfient de tout changement. Il n'y a pour eux aucune raison d'aller vers des techniques qui de surcroit pourraient paraître plaquées et rendre leurs interventions artificielles. Nombreux sont les timides qui pourraient redouter une transformation rapide.

Rassurons-les : il est tout à fait possible qu'une personne de nature introvertie puisse devenir un bon communicant, tout en conservant sa personnalité. Bonne communication ne signifie pas extravagance, mais au contraire respect de l'individu. On ne fera pas d'un introverti un extraverti, mais on pourra permettre à quelqu'un de réservé d'être, avec son style, et à sa façon, un bon communicant.

Sur la recommandation confraternelle des dirigeants de Publicis, mon entreprise avait fait travailler en 2001 le regretté Edouard Michelin plusieurs mois avant sa prise de fonction aux commandes de l'entreprise familiale. Il avait suivi le parcours phare qu'assure VerbaTeam destiné à « faire de tout dirigeant un bon communicant ». La formation que nous avons assurée à cet homme intelligent et réservé l'avait armé pour affronter des publics importants, sans pour autant transformer sa personnalité. Issu d'une famille qui préférait la discrétion à la médiatisation, il était néanmoins devenu un excellent communicant et rapidement reconnu comme tel. Toute la presse avait d'ailleurs salué sa prestation lors de sa première assemblée générale, soulignant la « présence » du jeune patron qui occupait pleinement le fauteuil de son père. Ce jour-là, les nouvelles financières n'étaient pas excellentes ; pourtant le cours de la Bourse avait fortement grimpé, grâce à la qualité de l'intervention. Comme quoi il est possible d'être un bon communicant sans dénaturer sa personnalité, de s'utiliser physiquement quand le besoin est présent.

Autre exemple qui me concerne directement : le comité de direction d'Apple Europe avait l'habitude de se réunir régulièrement, tous les deux mois, pour examiner les chiffres de l'entreprise, à l'occasion d'un week-end dans un relais de chasse, proche de la forêt de Rambouillet. Le Directeur Général profitait de cette réunion pour faire intervenir à chaque fois un consultant extérieur, pour une courte formation sur des thèmes assez variés, susceptibles de constituer une ouverture intellectuelle et un véritable apport aux membres du comité. Aucun de mes consultants seniors n'étant disponible pour la mission qui nous était demandée, un éclairage synthétique sur les outils de communication interpersonnelle, je me désignais pour l'accomplir. Même si mon rôle est avant tout de manager mon entreprise, je m'autorise ponctuellement certaines interventions qui me permettent alors tant de garder la main que de m'exposer dans des situations éventuellement excitantes.

Ma prestation était prévue le vendredi matin dès 8h30 et Apple m'avait très élégamment convié à rejoindre l'équipe de direction dès le jeudi soir, pour dîner et dormir sur place, ce qui devait me permettre d'être à pied d'œuvre le vendredi matin à la première heure. Les membres du Comité de Direction étaient visiblement heureux de se retrouver entre eux le jeudi soir et avaient beaucoup de choses à se raconter. Un apéritif convivial au cours duquel on me présenta précéda un repas assez animé. Je me montrais plutôt discret, assurant une conversation polie avec mes voisins de table, et me préparais déjà psychologiquement à mon intervention du lendemain. Après avoir échangé quelques mots avec chacun et décliné quelques digestifs, je ne tardai pas à regagner ma chambre.

Je sus quelques semaines plus tard que le DG avait été plutôt surpris de ma réserve au cours de cette soirée. Ayant choisi un spécialiste en communication, il s'attendait à voir un homme grandiloquent, un *show man*, dans l'esprit d'un Jacques Séguéla à sa grande époque ou d'un Bernard Tapie, qui se serait livré à un véritable numéro au cours du dîner. Il imaginait sans doute quelqu'un qu'il aurait peut-être fallu freiner dans ses ardeurs, mais certainement pas une personne discrète. A tel point que, ce soir-là, il redoutait d'avoir fait une erreur de casting.

Le lendemain, la réunion démarra parfaitement à l'heure prévue, 8h30. J'étais là depuis vingt bonnes minutes, dans la salle que j'avais pris soin de reconnaître la veille. Le Directeur Général fit une brève ouverture et me donna rapidement la parole. Je démarrai mon intervention, utilisant moi-même les techniques que j'enseignais. Peu à peu j'accrochais mon public, l'emmenais et le captivais. La matinée fut conclue par un tonnerre d'applaudissements, ceux du DG en tête !

Il confiera plus tard à l'un de mes collaborateurs qu'il avait été totalement « bluffé » par la prestation. Il s'était rendu compte ce jour-là qu'un bon communicant n'était pas forcément un beau parleur ou une « *grande gueule* », mais que ce pouvait être tout individu ordinaire, simplement capable d'utiliser à bon escient des techniques de communication. Par le résultat obtenu, il avait pris conscience de la force de ces techniques. Il aura l'intelligence, par delà cette prise de conscience, de passer à l'achat d'une prestation de formation, tant pour lui-même que pour l'ensemble de ses collaborateurs.

Il n'est cependant pas facile d'accepter l'idée du changement, de vouloir apprendre, de se remettre en cause et d'oser. Le manque de temps est d'ailleurs souvent une bonne excuse pour ne pas passer à l'acte.

En revanche, grande est la satisfaction de constater que l'on a pu apprendre à se connaître, à se jeter à l'eau (avec méthode), à vaincre son appréhension, à repousser ses limites ; au-delà de la prise de conscience de sa propre existence et du développement de sa personnalité, chacun a découvert un nouveau pouvoir, celui de transmettre.

Un DRH me confiait un jour avec une sereine conviction : « *je vous assure, pour moi ce stage a été beaucoup plus qu'un simple stage de techniques de communication* ». A l'époque, je dirigeais le Nouvel Institut de Communication et d'Expression (NICE), la société que j'avais lancée en 1989 au côté du journaliste Patrick Chêne[19] et qui commercialisait des stages que l'on qualifiait alors de « prise de parole en

---

[19] Journaliste sportif, ancien présentateur de Stade 2, du 13h puis Directeur des Sports de France Télévisions, puis fondateur de Sport365.

public ». J'avoue ne pas avoir immédiatement saisi l'étendue de la confidence qui venait de m'être délivrée ; ce n'est que progressivement que je remarquai la dimension de développement personnel que nos stages représentaient, et c'est dans cette direction que j'intensifiai mes observations. Le DRH en question, que j'eus l'occasion de revoir par la suite en différentes occasions, avait soudainement pris une véritable stature, tant dans sa vie personnelle que professionnelle. Non seulement il était devenu un excellent communicant (il intervenait souvent comme *grand témoin* dans nombre de conventions d'entreprises), mais il prenait grand plaisir à s'exprimer en public. On percevait un homme qui s'était réalisé, qui irradiait son bien-être et sa passion pour les ressources humaines, un homme qui avait du charisme et qui subjuguait régulièrement ses publics.

Autre exemple quelques temps plus tard : je prends un jour au téléphone le Président de la banque d'affaires du groupe Barclays, qui m'appelle de la part d'une relation commune, un chasseur de tête : « *Pierre-Yves m'a dit que vous pouviez faire des miracles* » m'indique t-il en préambule. Je lui réponds que je n'en suis pas sûr, mais lui demande quel est son problème. « *J'ai un jeune collaborateur, 27 ans, Sup de Co Paris, une tête bien faite, mais qui communique très mal : il passe mal auprès des clients, il n'a aucune confiance en lui, chaque fois qu'il ouvre la bouche c'est pour sortir une bêtise...il n'est pas clair, c'est une vraie catastrophe, ce garçon est complètement introverti !* » Il me laisse entendre qu'il est prêt, sans trop y croire, à tenter une opération de la dernière chance pour ce jeune homme que les Britanniques de la maison-mère lui conseillent de débarquer. Je me propose de rencontrer l'intéressé pour établir un diagnostic, voir si quelque chose est encore possible. Après cet entretien et le feu vert du Président, j'inscris le collaborateur sur une formation prochaine.

Son stage terminé, on vient me prévenir immédiatement que la personne en question insiste pour me saluer. Je reçois ce garçon qui s'épanche en remerciements et en louanges : « *Ce stage est fabuleux, vous n'imaginez pas ce qu'il m'a apporté, vous avez changé le déroulement de ma vie !* » Bien qu'habitué à ce type de congratulations (*rassurez-vous, on ne s'en lasse pas !*), je lui indique que j'en suis très heureux pour lui, et le raccompagne jusqu'à l'ascenseur avec mes encouragements d'usage pour qu'il mette bien en pratique ce qu'il vient d'apprendre.

Peu après mon retour de vacances, vers la mi-septembre, je demande à mon assistante de prendre un rendez-vous avec son patron, que je ne connaissais pas encore. Avec une certaine solennité, le Président de la Banque me fait entrer et m'invite à prendre place. Bien rapidement, calé dans mon fauteuil, je lui pose la question qui me brûle les lèvres : « *Avez-vous, M. le Président, remarqué depuis cette formation, une modification de comportement chez votre collaborateur ?* » Le visage animé par une légère irritation, l'homme semble s'emporter : « *Vous n'y êtes pas du tout ! Ce n'est pas de modification de comportement dont il est question ! CE N'EST PLUS LE MEME HOMME ..., vous me l'avez changé !* » Il ajoute: « *C'est absolument extraordinaire, ce type est devenu un leader, il communique avec persuasion, quand il parle, tout le monde l'écoute, il est tout à fait remarquable, votre formation est fantastique !* »

Animé par son engouement, l'homme exige sur-le-champ un contrat pour l'inscription de l'ensemble des membres de son comité de direction ! N'ayant pas de contrat avec moi, je m'engageai à lui en expédier un très rapidement.

Dernier exemple, dans cette même veine : Madame B., DG France d'une société technologique américaine, leader mondial dans son métier, s'était spontanément inscrite à cette même formation. Elle avoue avoir remarqué une « prise de dimension », un « changement certain », un « développement de leur personnalité » chez deux dirigeants français de son entreprise, le Président Europe Middle East Africa et son DRH qui formaient avec elle le Comité de direction et que nous venions l'un et l'autre de former. Ne connaissant pas au départ la raison de ces changements, elle s'était rapprochée d'eux : dans les deux cas elle s'était entendue citer le nom de mon entreprise ! C'est l'unique raison pour laquelle elle venait s'inscrire. Pour la petite histoire, le Président sera nommé quelques mois plus tard, aux Etats-Unis, CEO de sa compagnie, rare cas où un Français accède au poste suprême dans une multinationale américaine, poste qu'il occupe toujours !

Je ne peux pas résister au bon mot d'un DRH d'une grande entreprise de télécommunications qui m'indiquait à propos de son Président : « *Il était mauvais comme un cochon... Vous en avez fait une bête de scène !* »

Sans doute pour nous informer, parfois pour nous taquiner, certains DRH nous glissent opportunément à l'oreille : « *Je ne sais pas si vous y êtes pour quelque chose, mais telle personne que nous vous avions envoyée a pris des fonctions au plus haut niveau !* »

Au-delà de ces différents exemples, que peut-on personnellement attendre d'une telle formation aux techniques de communication ?

Sous réserve qu'elle soit bien réalisée (nous en reparlerons), apprendre à communiquer nous oblige, quoi qu'il en soit, à repousser nos limites, celles du carcan dans lequel nous avons été enfermés depuis notre jeune âge, à supprimer notre handicap culturel. Imaginer faire face à un auditoire de 300 à 5000 personnes, le regarder, en silence et en lui souriant, peut paraître a priori, *avant*, difficilement envisageable.

Sur un seul plan comportemental, la maîtrise de sa communication, que ce soit par ses déplacements, ses appuis au sol, le fait de bien *habiter* ses vêtements, sa gestuelle utilisée, la délivrance du besoin des auto-contacts, la force de l'utilisation de son regard (sa fixité, son intensité) bref toute la maîtrise du non-verbal, celle de la voix, des variations, des silences (bien vécus), le contrôle de sa respiration et de ses propres émotions, et la capacité à déclencher chez les autres les émotions désirées, tous ces éléments et bien d'autres encore, concourent d'abord à une bonne transmission des messages et à un impact véritable. Au-delà, cet apprentissage va permettre également un sentiment d'assurance, de bien-être et d'aisance, un ressenti d'existence et de développement personnel qui pourront être moteurs pour bien des projets, par le charisme généré. Enfin, accessoirement, prendre la parole s'avèrera beaucoup plus facile et moins consommateur d'énergie : humainement ces outils s'inscrivent dans une logique de développement durable !

Très nombreuses sont les personnes aux têtes pourtant bien faites qui n'ont jamais été sensibilisées à ces aspects comportementaux, qu'il s'agisse d'une prise de parole en public ou bien simplement d'une relation à deux. Beaucoup d'entre elles arrivent le matin dans leur entreprise, rasant les murs, doutant d'elles-mêmes, évitant tout contact, pour se réfugier dans l'intimité de la boite de réception de leurs e-mails. Que dire de certains managers concentrés sur leur présentation, démunis de présence et de prestance, diffusant leur message technique ! Imaginons-les ouverts, souriants, causants, recherchant le contact des autres, agréables à écouter ! C'est ce que l'on peut qualifier de bonne communication ou encore d' « assertivité ». Ce néologisme d'origine anglo-saxonne désigne la capacité à s'affirmer dans sa communication tout en respectant son interlocuteur. Une attitude que l'on ne peut qu'encourager !

Soyons bien d'accord : il ne s'agit donc pas de simples techniques de prise de parole en public, destinées à lutter contre le trac du moment (un savoir faire) mais davantage d'un apprentissage comportemental, c'est-à-dire d'un véritable savoir être. Bien sûr, chacun saura faire passer ses messages à l'oral mais, au-delà, disposera d'une véritable confiance en soi, d'une présence réelle et d'un charisme naturel qui pourra assurer une grande efficacité dans sa communication et ses relations interpersonnelles. Au-delà, le développement de l'enseignement de ces techniques en France permettrait certainement de révéler un grand nombre de commerciaux dans un pays qui en manque cruellement.

L'une des qualités essentielles d'un manager est d'être un leader, c'est-à-dire de posséder un véritable leadership. La capacité, non seulement à exister par une forte présence, mais également à entraîner les autres, à être un exemple vivant, servant de référence et suscitant l'admiration, est un atout essentiel, dans le monde du travail comme en politique. Il y est fréquemment nécessaire de *savoir faire* (un discours, animer une réunion, débattre...) mais également de *savoir faire faire*. Il est clair qu'une personnalité en demi-teinte ou un style de second couteau ne sont pas compatibles avec l'image d'un leader. C'est probablement cette qualité de leadership qui n'est pas suffisamment visible chez l'actuel hôte de l'Elysée. Il est symptomatique de réécouter à ce propos les commentaires journalistiques[20] concernant François Hollande au déclenchement de la guerre du Mali. Son rôle de Chef des Armées semblait enfin lui permettre d'adopter une « posture présidentielle », et d'éviter que l'homme « ne flotte dans son costume » ! Les conseils certainement avisés de Claude Sérillon, son conseiller en communication, ne lui ont cependant pas permis de confirmer cette tendance.

En effet, la dégradation vertigineuse de la cote de popularité de François Hollande, notamment en novembre 2013 montre, au-delà de la contestation de sa politique, l'importance de l'image. Laurent Gerra a très bien souligné la façon dont il a « accroché » son personnage, avec un costume serré, un postérieur en arrière et un sourire hébété. La cravate de travers a renforcé la satire. Les costumes mal coupés (manches trop longues et vestes étriquées), la teinture capillaire trop foncée, une gestuelle souvent empruntée et indécise[21] et un phrasé

---

[20] Europe 1, le 19 janvier 2013.
[21] La photo officielle de François Hollande, Président de la République, les deux bras raides, montre bien la difficulté posturale du 1er Français.

caricatural sont autant d'ingrédients opposés à la vision monarchique que réclame le peuple du premier des Français. Au point de discréditer presque systématiquement toutes ses actions.

La capacité à être un bon communicant est offerte à tous. Combien de personnes ont pu imposer leur image, leurs idées et leur personnalité grâce à l'ajout de cette compétence. La maîtrise de ces outils leur a permis d'ajuster au mieux leur image et de mettre en place une véritable stratégie personnelle de communication. Bref, ce que j'appelle être un bon communicant. Beaucoup de dirigeants ou de cadres dirigeants acceptent cette remise en cause. Leur constat est presque à chaque fois le même : pourquoi n'a-t-on pas fait cela plus tôt ? Avant de disposer de la grille de lecture qui est la leur aujourd'hui, ils n'avaient aucune conscience de l'ampleur du travail à accomplir. Des éléments d'agenda et de budget avaient souvent été prétextes à reporter le projet de cet apprentissage à une date ultérieure.

« Tout le monde devrait y passer », tel est le commentaire habituel des dirigeants que nous formons. Plutôt que de générer depuis des décennies des bataillons d'individus communiquant mal, réfugiés dans leurs certitudes de fond, souvent peu capables de s'ouvrir et de sourire aux autres, ne pourrions-nous pas imaginer un nouvel univers culturel facilitant le relationnel, l'animation d'équipe, la transmission des messages, d'une émotion, l'échange et l'écoute des autres ? Ce que mon entreprise est obligée d'apprendre aux dirigeants souvent après quarante ans, ne pourrait-on pas l'imaginer pour tous à vingt ans ? Il n'est quand même pas normal que rien ne soit fait en ce sens, alors que notre handicap est souvent la cause de perte d'influence tant sur un plan personnel que professionnel.

Dernier point et non le moindre : la généralisation des techniques de communication faciliterait dans de nombreux cas l'accès à un ascenseur social souvent en panne.

# 9.

# L'APPRENTISSAGE
# DE LA COMMUNICATION

On me demande fréquemment lors de conversations informelles si tel ou tel individu communique bien.

Bien évidemment, il est important de savoir de quoi on parle, quels sont les aspects que l'on souhaite prendre en compte. L'individu est-il capable de « s'utiliser » correctement ? Ses messages sont-ils clairs, adaptés à leurs destinataires ? Les mots choisis sont-ils pertinents ? Sa stratégie de communication est-elle la bonne ? Maîtrise-t-il ou non les techniques spécifiques à la situation ? S'il y a des supports, ceux-ci sont-ils nécessaires et bien faits ? etc. Il s'agit donc d'un vaste sujet !

En ce qui me concerne, je limiterai ma réponse aux aspects de forme, au niveau du communicant lui-même. Comme on ne communique pas de la même façon avec sa gardienne d'immeuble, des journalistes ou des délégués syndicaux, j'évoquerai également l'apprentissage de certaines techniques spécifiques. Néanmoins, l'essentiel de mon propos est focalisé sur l'individu communicant, l'émetteur, et sur la façon dont il s'utilise pour être reçu *cinq sur cinq*. Ce sont donc bien les aspects de forme, d'implication physique dans le message, les outils fondamentaux (gestuelle, regard, silences, sourires) qui nous intéressent. Si les bases sont en place, si le communicant maitrise les aspects de forme que nous venons de décrire, s'il est à l'aise avec son corps, alors oui, il est certainement un bon communicant. Il dispose des ressources nécessaires, a un véritable charisme, mais encore faut-il qu'il en fasse une bonne utilisation. Alors, comment faire pour généraliser cet apprentissage ?

Ma préconisation, vous l'avez évidemment deviné, serait une réforme d'envergure qui concernerait essentiellement les jeunes. De la même façon que l'enseignement des langues en France a fort heureusement évolué depuis l'époque où j'étais sur les bancs de l'école (même si il reste encore des progrès à accomplir), on pourrait imaginer que les nouvelles générations soient à même, dès le baccalauréat, de s'exprimer correctement en public et que cet handicap, ce manque d'aisance dans la relation aux autres, disparaisse. Au-delà d'une véritable prise de conscience de la force des techniques, le parcours scolaire pourrait constituer le moment adéquat pour cet apprentissage et cette intégration qui permettraient à tout jeune Français de communiquer avec aisance, qu'il s'agisse d'une relation en petit comité ou d'une prise de parole en public face à un large public.

Il est en effet de moins en moins acceptable, dans le contexte de compétition internationale qui est le nôtre, que les Français ne puissent soutenir leurs idées, vendre leurs messages ou leurs produits avec impact, ou tout simplement booster leur image. Trop souvent, des dirigeants français m'ont avoué s'être fait damer le pion dans le choix d'un projet par des équipes américaines meilleures sur la forme... alors que le fond était indiscutablement à leur avantage. Il faut que cela cesse urgemment et qu'une vaste réforme se mette en place !

Certains pourraient penser que les nouvelles technologies vont relativiser, sinon amoindrir l'importance de cette communication interpersonnelle, et que cet apprentissage n'est peut-être pas aussi nécessaire que ce que je veux bien dire. En réalité, ils se trompent totalement. Si l'utilisation d'Internet et notamment des e-mails diminue peut-être les rencontres « physiques », ces occasions en « live » revêtent alors beaucoup plus d'importance, compte tenu de leur rareté, et l'image émise n'en sera que plus durable et difficile à modifier.

## Une vaste réforme culturelle à l'école : apprendre à s'aimer

Faire bouger les choses à l'échelon national en dotant les Français des outils propres à une bonne communication passe par des modifications et des corrections comportementales vis-à-vis de nos habitudes et de nos acquis culturels.

Nous l'avons dit, l'école semble être le lieu et le moment idéaux pour la conduite de ces changements. Un étalement de cet apprentissage sur l'ensemble de la scolarité, comme aux USA, constituerait certainement une démarche appropriée et judicieuse. Des enseignants spécialisés en « communication interpersonnelle » pourraient, au fil des différentes classes du collège et du lycée, insuffler déjà un certain nombre de techniques de base aux élèves. Bien évidemment un renforcement en $1^{\text{ère}}$ et en Terminale permettrait de pérenniser cette formation avant de passer à la vie d'adulte. Toutes les autres matières pourraient bien sûr donner lieu à l'utilisation des techniques à travers des exposés, des conférences, des réunions, mais cette fois avec un socle de techniques fondatrices.

Partant du principe que les enseignants auraient été préalablement formés (aspect sur lequel nous reviendrons), quelle serait la méthode à déployer ?

En toile de fond, il serait tout d'abord nécessaire de mettre en route une approche de développement de la confiance en soi, par la *connaissance* de soi. On voit bien que l'on dépasse ici de simples aspects de communication ou de comportement, pour modifier l'état d'esprit du système et développer l'estime de soi chez les élèves. Il serait bien sûr nécessaire d'inculquer progressivement ces notions aux jeunes enseignants afin qu'ils puissent en être imprégnés et rompre avec les approches trop nuisibles du passé. Chaque élève, individuellement, dès le CM1, encouragé par son ou ses enseignants, apprendrait à se connaître, à prendre conscience de sa personnalité, à apprécier ses forces et ses atouts. Cet apprentissage passerait par un abandon définitif des attitudes négativement trop critiques, pour se focaliser sur une approche essentiellement positive et constructive, soutenue par les enseignants préalablement sensibilisés à ces techniques.

Il est ici nécessaire de préciser que la plupart des individus, même les plus beaux, les plus sympathiques ou les plus affables nourrissent souvent à leur endroit une appréciation négative sur tel(s) ou tel(s) aspect(s) de leur physique. Il est étonnant, lors d'une entrée dans l'intimité d'une personne, d'entendre ses confidences faisant état de « défauts » qu'elle s'attribue. Ceux-ci bien que souvent mineurs sont perçus par l'intéressé comme extrêmement importants et entraînent régulièrement un choix de tenues ou de « camouflage » réellement injustifié, ou encore des gestes de protection ou de dissimulation qui accentueraient plutôt les défauts ! Le « handicap » qu'ils représentent pour la personne en question est souvent surdimensionné : la moindre particularité (une partie du corps trop grande, trop petite, trop grosse, trop *quelque chose...* !) prend une dimension souvent démesurée. Avez-vous par exemple remarqué les coiffures enveloppantes, longtemps démodées, de Philippe Gildas, Luc Ferry ou Bernard Thibault ? Qu'ils soient rassurés, même Claudia Schiffer (j'ai lu cet aveu dans un magazine féminin... *chez mon coiffeur*) n'aime pas ses oreilles ! En formation, nous pouvons régulièrement noter l'attention portée par telle ou telle cliente à sa « culotte de cheval » ou par tel ou tel dirigeant à sa calvitie. A chaque sexe ses malheurs !

Notre approche positiviste s'intéresserait évidemment à réduire ces impacts négatifs et permettrait de faire disparaître, ou en tous cas d'atténuer, les blocages psychologiques, les complexes que beaucoup développent, véritables freins à l'épanouissement de leur personnalité et à l'efficacité de leur communication. Il s'agirait donc à la fois de donner confiance à l'élève, en étant beaucoup plus proche du modèle anglo-saxon avant de le former à la communication.

Parallèlement à cette approche comportementaliste, d'années en années, les techniques de communication interpersonnelle pourraient être distillées à travers les interventions de l'enseignant et rapidement suivies de mises en pratique. Il s'agirait de développer l'utilisation des techniques fondamentales c'est-à-dire d'apprendre à l'élève à s'impliquer et s'engager physiquement dans la délivrance de son message. Il est indispensable qu'un certains nombres de prises de consciences soient faites, en particulier au niveau de l'utilisation des quatre outils, dès les premières années du collège, et qu'une intégration progressive soit assurée.

Les deux sujets majeurs que sont l'optimisation de l'image visuelle et celle de l'image sonore (c'est-à-dire des techniques vocales) pourraient faire partie du panel des approfondissements obligatoires les deux dernières années de scolarité. De nos jours, ces sujets ne sont pas abordés dans toute notre scolarité ! Emparons nous du sujet.

**Les thèmes à traiter**

### *1. Savoir regarder et optimiser son image visuelle*

Le premier thème à traiter est l'implication physique dans son message, c'est-à-dire la capacité à s'utiliser physiquement, qu'il s'agisse de son regard, de sa gestuelle, et même de son sourire.

Il est nécessaire d'apprendre aux jeunes enfants à ne plus se censurer, se fermer par une interdiction systématique des mouvements. Sans renoncer à l'apprentissage de l'obéissance ni à la discipline (le corps doit pouvoir être statique et immobile) il est souhaitable de penser et d'agir pour le développement de l'enfant. Celui-ci aura besoin de gestes et de mouvements pour exprimer ses idées et manifester ses émotions. La récitation rapide des fables de La Fontaine les deux bras le long du corps ne doit plus être de rigueur ! L'enseignant d'abord, l'élève ensuite, doivent percevoir l'intérêt d'une gestuelle posée, clarifiée et au service du message. Il ne s'agit évidemment pas de « mimer » ce que nous avons à déclamer ; il ne doit pas s'agir d'une profusion de gestes, mais tout simplement de conserver le naturel qui est le nôtre depuis nos jeunes années. Il s'agit de comprendre l'intérêt de disposer d'une véritable gestuelle pour communiquer, et d'en percevoir les bons ingrédients. Grâce à cette approche, l'acquisition et la maîtrise d'une véritable grille de lecture permettront d'abord à chacun de mieux cerner, de décoder, de corriger et d'optimiser sa propre image, c'est-à-dire celle qui est réellement perçue par les autres.

L'apprentissage de cette *lecture* est fort utile, tant par rapport à soi que par rapport à l'image des autres. D'ailleurs, sans rentrer dans l'univers du roman d'espionnage, le décodage du non-verbal, c'est-à-dire la capacité à lire et comprendre des informations de *body langage*, est facilement accessible au plus grand nombre. Il est souvent étonnant pour une personne nouvellement initiée de constater la multitude d'informations, jusqu'alors souvent négligées, qu'elle est en mesure de prendre en considération chez son interlocuteur.

Dans nos sociétés, les individus ont souvent été inconsciemment éveillés à détecter beaucoup de choses au niveau de cette communication non verbale. Par exemple, durant une conversation, une posture ouverte (corps décontracté), des regards soutenus et fréquents, des contacts physiques (touchés de l'épaule ou du bras, serrage de mains) des hochements de tête, des sourires, etc. pourront rendre une personne sympathique, fiable et crédible. Inversement, une gestuelle rare, des auto-contacts fréquents, une absence de regard (ou des regards furtifs) ou un manque de sourire pourront éveiller la méfiance chez nos interlocuteurs. Dans une prise de parole en public, des épaules effondrées communiqueront vulnérabilité et difficulté, alors qu'une position droite et verticale, comme celle de Barack Obama dans ses interventions publiques, fera passer un sentiment de compétence et de fierté.

Puisque vous semblez aimer ces éléments de décodage, vous me pardonnerez une petite digression sur le sujet. Comme vous le savez, il est relativement aisé de constater qu'un certain nombre d'indicateurs peuvent nous aider à mieux percevoir ce que les autres peuvent vouloir - ou ne pas vouloir - nous dire. La réflexion peut s'accompagner d'un auto-contact sur le front ou d'un grattage de tête (on se gratte souvent le front quand on cherche). Le doute se manifeste parfois chez les hommes par un lissage du menton (la résistance bien concrète des poils rasés semble rassurer en situation d'incertitude). La difficulté est quant à elle révélée par un auto-contact sur le lobe de l'oreille ou plus fréquemment sur le nez. Il est intéressant de regarder le Président François Mitterrand dans son interview de « fin de règne » face à Jean-Pierre Elkabbach. Au-delà de ses auto-contacts d'une main sur l'autre, les doigts écartés (geste qui sera repris par Jack Lang, probablement dans un souci de réincarnation !), l'ancien titulaire de la francisque en vient à un toucher répétitif de son nez avec son index, pendant de nombreuses secondes : il s'agit exactement du moment où il répond au journaliste, à propos de ses liens avec son ami Bousquet, ancien secrétaire général de la Police de Vichy, *bien évidemment la question qu'il redoutait !* Dans le même registre, Lionel Jospin, venu à l'Assemblée nationale pour justifier son passé trotskiste, démarre à l'époque son intervention non par un sourire, vous l'avez compris, mais par un grattage de nez particulièrement frénétique... Je vous invite à revoir ces images assez incroyables ! Lors de la campagne présidentielle de 2007, Ségolène Royal, qui avait répondu « un » lorsqu'un journaliste lui avait demandé le nombre de sous-marins nucléaires dont la France disposait, est victime de démangeaisons nasales lorsque son interviewer lui révèle que la France en compte sept !

Un dernier exemple ? Nicolas Sarkozy venait d'être nommé en 2005 ministre d'Etat, ministre de l'Intérieur du Gouvernement Villepin. Il avait réservé à Patrick Poivre d'Arvor sa « première télévision » pour le journal de 20 heures. Répondant à la première question de PPDA qui lui demandait ce qu'il venait faire dans ce gouvernement, il lui indique : « *Vous savez, cela n'a pas été facile pour moi, le Président de la République, Jacques Chirac, a choisi Dominique de Villepin...c'est sa responsabilité!* », phrase accompagnée par un bel auto-contact sur le nez au prononcé du nom de M. de Villepin. Le futur mis en examen dans l'affaire Clearstream donnait-il des démangeaisons au futur Président ? On peut le penser. Nicolas Sarkozy nous montre une vraie difficulté. Celle-ci a d'ailleurs été confirmée dans l'allocution présidentielle d'avril 2009 consacrée pour la première fois à la crise économique. Lorsque le Président Sarkozy cite à nouveau le nom de Villepin, c'est toujours accompagné d'un grattage de nez, le seul de toute cette intervention !

Ces outils de décodage ont souvent intrigué les journalistes. Dans la dernière campagne présidentielle, Franz-Olivier Giesbert, qui visiblement, n'est pas un expert en matière de « gestuologie », cherchait pourtant à commenter la gestuelle de certains candidats. On sentait qu'il avait envie de parler, qu'il aurait eu envie de savoir et de dire quelque chose d'intelligent, mais on constatait qu'il n'y connaissait rien. Cela ne l'empêchait pourtant pas de faire des commentaires infondés et souvent contestables.

En matière de décodage du non verbal, sachez que l'on peut aller beaucoup plus loin. Comme vous le savez, le corps communique un grand nombre d'infimes informations. Consciemment ou pas, ce sont ces informations que vous croisez quand vous rencontrez quelqu'un. Ainsi vous avez pu vous interroger sur l'éventuelle homosexualité d'un interlocuteur, interrogation provoquée par différents éléments habituellement plus féminins que masculins, comme une souplesse exagérée dans un mouvement du poignet. De la même manière, peut-être n'êtes vous resté insensible à une réhydratation des lèvres par un furtif mouvement de langue[22] de la personne avec qui vous discutiez, un regard particulier, un auto-contact ou à un timbre de voix.

Les meilleurs experts[23] en matière de décodage croisent, eux aussi, un faisceau d'informations : ils sont par là en mesure, m'ont-ils indiqué, de repérer un terroriste dans une foule, ou, au passage d'une frontière, de savoir si un trafiquant transporte de la drogue dure ou de la drogue douce ! Pendant la guerre froide, beaucoup d'espions venus de l'Est se faisaient démasquer par une légère raideur dans leur démarche, typique de leur éducation et ce, même au milieu d'une foule. Il est bien évident que nous n'avons pas besoin, à moins d'activités très particulières, d'apprendre à maîtriser ces techniques de décodage et certainement moins encore à l'âge scolaire. En revanche, et pour revenir à notre sujet, s'il est des moments où notre « comportemental » doit être maîtrisé, il s'agit bien des occasions de communiquer face aux différents publics que nous rencontrons.

Certains auto-contacts, généralement inconscients, peuvent se révéler particulièrement gênants. Je me souviens d'un Président qui venait de prendre en mains les commandes d'une des plus grandes sociétés parapubliques de France, dont l'auto-contact particulièrement parasitaire consistait à s'assurer de sa propre virilité par un geste rapide. Le formateur chargé du dirigeant en question était fort embarrassé mais ne pouvait passer sous silence une telle « activité » inconvenante. Pour le corriger, nous avions arrêté innocemment le visionnage de la vidéo, d'une façon apparemment inopinée, sur le geste incriminé. Au bout de la troisième fois, le client découvrait lui-même, *de façon*

---

[22] Un peu comme le chanteur Claude François qui, dans une démarche marketing, s'était fabriqué ce « tic gestuel » pour, pensait-il, accentuer sa sensualité !
[23] Ces experts inconnus du grand public et rarement médiatisés travaillent pour différents services d'informations d'Etats.

*fortuite*, la gestuelle déplacée et se trouvait obligé de la critiquer lui-même ! La prise de conscience étant faite, il ne restait plus qu'à censurer définitivement ce geste en dénonçant les éventuelles dernières tentatives inconscientes.

C'est d'ailleurs souvent par des comportements non conscients lors de prise de parole en public, que l'individu « dit du mal de lui » physiquement, montre son trouble ou ses difficultés, et d'une façon générale, ne s'utilise pas correctement. Nous l'avons vu, nombre de personnes baissent trop rapidement ou trop fréquemment les yeux : à l'image de l'autruche qui plante sa tête dans le sable, elles fuient l'incertitude, l'inquiétude, le flou artistique d'une réalité pouvant être ou paraître parfois dérangeante. Combien d'adolescents ou d'adolescentes figent leur gestuelle près du corps, craignant l'éventuel ridicule du moindre geste. Combien de mains de dirigeants effleurent-elles une poche de veste avec l'intention apparente de s'y réfugier pour finalement descendre le long du vêtement et finir penaudes et pendantes. Le manque de savoir-faire, le manque de savoir-être, l'ignorance de solutions sur des thématiques qui n'ont jamais été enseignées nous conduisent bien souvent à nous ressentir mal à l'aise. Il est nécessaire « d'équiper » chacun en outils ou en techniques, en développant sa vraie nature et en renforçant son comportement : déplacements, postures, gestes et familles de gestes, regard, sourire, mimiques et expression du visage, tout cela devrait être passé au crible et *psychologiquement* sécurisé.

Je vous entends déjà, ô lecteur, hurler au clonage, à la manipulation, à la dépersonnalisation ! Soyez totalement rassuré et sachez que je m'inscris immédiatement en faux contre ce procès d'intention ! Il ne serait surtout pas question de plaquer tel ou tel geste à telle ou telle personne. A chacun sa gestuelle ! A chacun sa personnalité ! Que chacun laisse sortir sa gestuelle, que chacun digère tout ce qu'il aura appris, que chacun libère ou s'approprie la gestuelle qui lui convient. Ce n'est pas parce qu'il y a un petit risque de mimétisme - vous-même, cher lecteur, lorsque enfant, vous avez cherché à déterminer votre première signature, qui est bien la transcription graphique d'un geste, ne vous êtes-vous pas inspiré de celle d'un proche, de votre maman pour les filles, de votre papa pour les garçons ? et c'est aujourd'hui pourtant bien la vôtre - ce n'est donc pas à cause du risque du mimétisme et au nom d'une pseudo-liberté individuelle (l'ignorance n'est pas la liberté !) qu'il faudrait refuser d'apprendre à faire des gestes, à laisser exprimer le corps ! L'objectif n'est certainement pas de tout passer au crible mais d'apprendre à « laisser sortir » sa gestuelle, à ne plus la brider, et à réduire les auto-contacts.

Au démarrage de nos ateliers de gestuelle, nos clients nous disent fréquemment ne plus oser bouger... « *Mais lâchez-vous bon sang !* » avons-nous souvent envie de leur rétorquer ! Se lâcher, c'est laisser sortir sa gestuelle, c'est exprimer sa personnalité, sans tous les interdits et toutes les censures qui se sont imposés. C'est la délivrance de cette gestuelle trop longtemps refoulée qui va « impacter » auprès du public.

Avez-vous remarqué que des gestes hauts sont plus puissants que des gestes bas ? Le vainqueur de Roland Garros nous montre à bout de bras la coupe qu'il vient de gagner ; l'arbitre de football arbore un carton jaune le plus haut possible ; les bras très tendus en V du Général de Gaulle (geste repris notamment par Jean-Marie Le Pen, Jean-Luc Mélenchon à la Bastille et Nicolas Sarkozy au Trocadéro) produisent leur effet emblématique. Culturellement les gestes hauts ont toujours eu de l'impact, alors préférons-les, en fonction des occasions, à des gestes bas, sans grand intérêt et souvent négatifs. Evitons les gens qui font « main basse », ceux qui « baissent les bras » ou qui donnent « des dessous de table » !

De même que des gestes ouverts et extravertis sont plus efficaces – et combien ! - que des gestes fermés et près du corps, des gestes ronds sont plus agréables que des gestes trop secs ou trop carrés. Les auto-contacts des mains ne sont pas nécessaires... Quelle libération que d'apprendre à les faire disparaître ! Mais au-delà des mains et des bras, c'est tout le corps qui communique. C'est cette implication physique dans son message que le communicant va pouvoir déclencher. L'alternance de cette gestuelle avec des moments calmes, sans gestes, en fonction bien sûr des messages délivrés, animera son intervention, donnera rythme et puissance aux mots.

Cette communication du corps, libérée mais totalement maîtrisée, va permettre une expressivité du visage avec des mimiques, des sourires et des émotions qui vont passer. N'oublions pas que le sourire est agréable aux autres, qu'il s'agit là d'un « outil » absolument fondamental pour entrer en communication. Or, trop souvent le sourire est censuré. Un enfant qui sourit à l'école est immédiatement suspecté de s'amuser, donc d'être dissipé. L'innocence et la spontanéité des jeunes enfants vont se heurter rapidement à la rigueur du collège et du lycée : ils vont apprendre que la vie n'est pas drôle ! Là encore, chacun doit retrouver son naturel (le naturel se travaille !) et va pouvoir apprendre à « s'utiliser », en fonction de sa stratégie, de ses occasions et de ses objectifs. Chacun va enfin pouvoir « mettre ses tripes » dans son message pour remporter sa victoire. Tout ce travail doit être accompli en fonction de sa personnalité, de ses blocages, de son éducation, et certains ont évidemment une plus grande tâche que d'autres.

Il est bien clair que cette gestuelle va progressivement s'installer, en fonction du lieu, de ses interlocuteurs et de leur nombre, se mettre en place en fonction des besoins et des circonstances. De la même façon qu'un mouvement de tennis ou de golf s'apprend et s'intègre, tout cela doit être digéré et automatisé, pour être utilisable *naturellement* quand le besoin s'en fera sentir. Certains pourraient redouter que les techniques utilisées effacent la personnalité, l'humanité, les émotions du communicant pour le transformer en machine. Qu'ils soient totalement rassurés, c'est l'inverse qui se produit : l'intégration de ces techniques donnera libre cours à la personnalité de chacun et lui permettra de toucher sa cible avec authenticité et affect.

## 2. *Optimiser son image sonore*

Les personnes qui « passent mal » à l'oral ont souvent un point commun : celui d'être linéaires, monocordes et monotones. Vous avez certainement entendu comme moi des conférenciers (*ce mot est déjà soporifique*) qui endorment (*je vous l'avais bien dit*) leur auditoire. Vous avez également certainement connaissance de personnes qui gèrent mal le silence, dont elles ont peur, et préfèrent émettre des « euh » étirés en longueur, afin de meubler des silences qui auraient pourtant été bienvenus. D'autres parlent sans valoriser quoi que ce soit au niveau sonore : les informations sont délivrées dans le même registre, sur le même ton, et les éléments s'enchaînent, souvent sans aucune articulation, voire sans véritable respiration. C'est alors tout le public qui suffoque !

Comme l'a souligné l'imitateur Nicolas Canteloup, François Hollande en campagne avait l'habitude de parler du « parti socialissss », voire même du « parti sociali[24] ». Il nous laissait certainement le soin de terminer ses phrases car lui en était déjà à la suivante ! Dans ses actuelles fonctions, parlant de lui à la troisième personne, il lui arrive fréquemment de faire référence à son poste de « Présdnt d'l R'pblique » en avalant les mots : l'urgence des réformes lui enjoint certainement d'aller vite !

Il y a parfois le besoin d'apprendre à certains à articuler, et notamment à faire travailler les muscles parfois atrophiés situés au-dessus de la bouche. Il existe de nombreux exercices initialement mis au point par des comédiens pour les comédiens, destinés à optimiser leur élocution et leur diction. Pour un grand nombre de personnes, l'articulation

---

[24] Exemple : interview Jean-Pierre Elkabbach, *Europe 1*, le 19 septembre 2007 à 8h20, suivie à 8h50 de *la Revue de Presque*.

est parfois difficile, notamment à froid. Il est vrai que celles-ci s'y habituent, mais certainement pas leurs publics qui auront du mal à soutenir des efforts d'attention sur une longue période. Ces exercices permettront donc un véritable échauffement et un véritable entraînement. Bien évidemment ils pourraient être utilisés chez les adolescents qui ont plutôt une approche minimaliste dans l'utilisation du muscle orbiculaire (de la bouche).

Par ailleurs, au-delà de ces aspects techniques et primaires, on peut constater que beaucoup de mauvais communicants ont, en commun, une linéarité dans leur expression. Au bout de vingt minutes, tout le monde dort. Ceux-ci ont un phrasé qui relève beaucoup plus de l'écrit que de l'oral. Leur problème est en réalité un problème de ponctuation : inconsciemment, ils utilisent à l'oral une ponctuation faite pour l'écrit !

La ponctuation écrite *à l'oral*, c'est celle, vous vous en souvenez, de nos dictées. Pas les toutes premières. Dans celles-ci, nos maîtresses d'école nous indiquaient les points, les points-virgules, les points d'exclamation, d'interrogation ou de suspension. Puis, dès que nous avons grandi, elles nous ont alors indiqué que c'était à présent à nous, les élèves, de découvrir et de transcrire la ponctuation, celle de l'auteur, qu'elles ne manquaient pas de nous faire ressentir grâce à une tonalité appropriée : un léger silence nous signifiait la présence d'une virgule ; une voix baissante suivie d'un silence plus long nous indiquait la présence d'un point. Ainsi ne risquait-on pas de confondre le point avec la virgule. Les points d'exclamation, d'interrogation ou de suspension étaient reconnaissables grâce à un ton volontairement exagéré ; le point final s'entendait venir longtemps à l'avance par un decrescendo progressif.

Eh bien, on peut remarquer que c'est cette ponctuation écrite, *dite à l'oral* que l'on peut réentendre dans nombre d'interventions peu performantes, manquant de vie et d'engagement. Par un curieux réflexe, ces communicants peu passionnants utilisent inconsciemment cette ponctuation écrite, probablement parce qu'elle les rassure, les rapproche de l'écrit, donc du fond, c'est-à-dire de ce qu'ils pensent maîtriser. Même à la radio, certains journalistes du matin donnent l'impression de lire leur papier à l'antenne. Souvent issus de la presse écrite, ils ne sont pas au mieux dans ce registre sonore, et l'on a réellement l'impression d'entendre leur ponctuation écrite. Le résultat est souvent plat, linéaire, sans vie. Ils finissent par en faire parfois un style, par défaut, auquel on s'habitue parfois quelque peu.

Dans le même esprit, j'ai entendu un jour, un intervenant conclure une convention d'entreprise dans un decrescendo congestionné : « *Voilà ce que j'avais à vous dire, maintenant je compte sur vous, il va falloir y aller avec énergie* ». Le mot « énergie » était exprimé du bout des lèvres, dans le dernier souffle d'un communicant en phrase terminale (*de son intervention !*). L'image sonore faisait évidemment passer un message opposé à celui souhaité.

Dans cette lignée, nombre de messages téléphoniques préenregistrés sur répondeur (pour indiquer, par exemple, la fermeture pour congés d'un magasin) le sont avec cette ponctuation écrite. Ils donneraient plutôt l'impression que ses employés se sont tous rendus à l'enterrement d'un proche, compte tenu de la léthargie et de la linéarité du message !

Dans tous ces cas, sans doute pour se sécuriser, le communicant est, semble-t-il, réfugié dans une ponctuation écrite : pas de variations telles qu'on les trouve dans la vraie vie, pas de rupture, pas de rythme.

Or, il faut bien comprendre que la ponctuation écrite (virgules, points-virgules, points d'exclamations…) est en principe présente pour essayer de faire vivre un texte dans une lecture personnelle et non dans son expression. L'écrit est incapable de restituer la musique de l'oral, quels que soient les signes de ponctuation utilisés dans la langue française. D'ailleurs les comédiens qui préparent l'interprétation du rôle qu'ils vont jouer ont parfois recours à un code de ponctuation « parlé », fabriqué par eux et nécessaire pour reponctuer un texte pour l'oral.

Dans la « vraie vie », nous utilisons une ponctuation parlée, qui n'a rien à voir avec la ponctuation écrite. Notre phrasé est fait de prosodie, de rythme, de variations (accélérations, ruptures, scansions...) de silences. Ce parler-vrai est « la musique » de notre communication. Ce paralangage va donc varier en fonction de nos intentions et de nos émotions. Inversement - la bonne communication est souvent une question d'équilibre - il ne s'agit pas de tomber dans l'outrance de la variation, comme peuvent s'y livrer certains journalistes sportifs de radio ou de télévision désireux de se créer une personnalité propre en forçant le rythme et leur accent.

En revanche, il est notable que lorsque des éléments de stress surgissent, par exemple dans une prise de parole face à trois cent personnes, le parler-vrai disparaît. A chaque phrase, le ton baisse en arrivant au point. C'est fréquemment le cas lors de la récitation d'un texte, notamment lors de la lecture d'un texte à voix haute : certaines publicités à la radio ou à la TV dites par des non professionnels donnent cette impression de récitation, notamment quand des sportifs témoignent de la qualité d'un produit ou d'une marque. Il peut aussi s'agir des réponses paraissant quelque peu « téléphonées » à des questions préalablement répétées. Face à un public nombreux, facteur de stress, cette même tonalité peut resurgir. Notre phrasé traditionnel de l'oral, celui de la vraie vie, disparaît alors au profit d'un phrasé linéaire, celui de l'écrit. Le propos devient rapidement laborieux et tout le monde espère et attend la fin de l'intervention. D'autres vont vite et ont peur des silences. Tout cela est indigeste pour l'auditoire. Cette course folle est une véritable fuite en avant. On écoute mais on n'entend plus.

Voilà le lot commun d'un grand nombre de communicants. Vous imaginez l'apport qu'un apprentissage destiné à supprimer cette linéarité peut revêtir.

De la même façon, apprendre à se sentir à l'aise dans l'utilisation d'un silence est du plus haut intérêt. C'est dans les moments de silence que le communiquant peut réellement et efficacement écouter son public. Or toute notre scolarité nous fait redouter le silence. Dans les petites classes, mais parfois aussi dans les grandes, le silence d'un élève signifie généralement son ignorance. Un enfant qui récite sa leçon ou sa fable marque un silence quand malheureusement il trébuche, c'est-à-dire quand il ne sait pas (ou plus). Le silence est donc presque toujours vécu négativement. Pourtant les comédiens, désormais, savent que le silence valorise ce qui vient d'être dit autant que ce qui va être dit, permettant en outre de respirer et de paraître à l'aise (je vous renvoie au chapitre 7 de cet ouvrage). Il est donc indispensable d'apprendre à vivre confortablement le silence.

Mon entreprise utilise une méthode qui permet non seulement de casser définitivement l'enfermement dans la ponctuation écrite pour passer à l'oral, afin de retrouver ce parler-vrai, fait de variations et de ruptures, mais aussi de découvrir l'intérêt des silences, d'apprendre à bien les vivre, et à s'y sentir à l'aise. Accessoirement, ces silences assumés permettront bien souvent de ralentir le débit de ceux qui vont trop vite.

Grâce à un tel apprentissage, qui serait à généraliser, chacun va pouvoir passer d'un registre linéaire par lequel il se débarrassait de l'information à un registre vivant, c'est-à-dire d'une logique d'émetteur à une logique de récepteur, la seule qui compte. Comme moi, vous préférez entendre *Le Corbeau et le Renard* dit par Fabrice Luchini (*c'est énorme !*) plutôt que la version scolaire ânonnée par des générations d'enfants sur la même « musique », reconnaissable à des décennies d'intervalle[25]. Comme l'indique le comédien Pierre Chevallier, ancien disciple d'Yves Furet et l'un des meilleurs spécialiste en techniques vocales : « *pour être compréhensible, si un texte écrit se doit d'être ponctué, (lecture silencieuse) un texte dit se doit d'être respiré (lecture à voix haute).* »

Enfin, à propos de respiration, il est souhaitable d'associer à ces enseignements un travail sur la gestion des émotions, notamment par rapport au stress, fléau identifié du monde du travail (et même des écoliers !) et de découvrir les outils destinés à la maîtrise du trac. Depuis bientôt trente ans, des sophrologues font systématiquement partie de mon équipe d'experts. Enseignant des techniques de relaxation et de respiration, ils obtiennent des résultats tout à fait probants. D'ailleurs, beaucoup de comédiens de théâtre, d'animateurs de télévision ou de sportifs de haut niveau ne sauraient s'en passer. Devant le stress que beaucoup d'enfants ressentent au quotidien, notamment ceux qui perdent leurs moyens lors d'examens oraux (ou même écrits), on peut se demander pourquoi ces techniques ne sont pas plus enseignées afin de mettre ces émotions « sous contrôle ».

### *3. Créer la rupture et identifier les spécificités de l'oral*

L'optimisation du déblocage de nos deux images, visuelle et sonore, nous fait aller bien souvent à l'encontre des comportements enseignés durant notre enfance. Ainsi, au niveau visuel, notre gestuelle, qui nous permet réellement d'exister et de convaincre, est en opposition avec la réserve que l'on nous a souvent demandée, notamment pour ces fameuses récitations les bras le long du corps.

---

[25] Faites un test : Remplacez à l'oral les mots de la fable « *Le Corbeau et le Renard* » de La Fontaine par des « na-na-na… » en respectant la ponctuation écrite, vous verrez que tout le monde reconnaîtra la fable sans aucun problème !

- Le contact visuel soutenu d'un communicant avec ses interlocuteurs est en opposition avec la nécessité de baisser les yeux, imposée par la soumission à l'autorité ou par notre bonne éducation, c'est-à-dire par la préoccupation de ne pas gêner son interlocuteur (ou interlocutrice).

En ce qui concerne le niveau sonore :
- Le « parler-vrai » de la (vraie) vie ne correspond en rien avec la ponctuation écrite apprise par nos dictées.
- Le rythme, la variation, les respirations du bon communicant sont en opposition avec le débit linéaire et rapide d'une récitation bien sue.
- Les silences, ô combien nécessaires à notre communication, non seulement n'ont pas été enseignés, mais ont été combattus (sous peine de mauvaise note assurée) dans nos récitations.

En l'état actuel des choses, nous pouvons remarquer un trait constant : la prédominance de l'écrit et la négligence de l'oral, exprimant un intérêt manifeste pour le fond et une négligence généralisée de la forme.

S'il n'est pas question pour moi de bannir ici quoi que ce soit de l'écrit, de l'écriture et de la littérature française, il est nécessaire de prendre conscience que l'oral appelle des techniques particulières, qu'il s'agit bien là d'une matière à part entière qui n'a pas grand rapport avec la communication écrite.

Notons au passage que le mot « langue » désigne aussi bien la partie physique du corps qui permet l'expression (rappelons qu'à une certaine époque on coupait la langue aux menteurs) que le dialecte lui-même. La langue est donc originellement intimement liée à l'oralité (*Os, oris* : la bouche) beaucoup plus qu'à l'écrit, autorisé par la main.

Quelle serait l'origine de cette omnipotence culturelle de l'écrit par rapport à l'oral ? Probablement est-ce là le fruit du développement de l'instruction publique. Si les Français du début du XXᵉ siècle, essentiellement ruraux, s'expriment dans leur langue régionale ou dans leur patois local jusqu'à la première guerre mondiale[26], un grand nombre d'entre eux ont pu faire accéder leur famille à une réelle évolution, grâce au développement de l'instruction publique, notamment par l'apprentissage de l'écriture. L'utilisation du patois ou de la langue régionale correspondait essentiellement à une communication orale et quotidienne pour une population principalement rurale, tandis que l'écrit véhiculait l'instruction, exprimait le savoir et autorisait l'accès à la connaissance, à la contractualisation, et donc aux affaires. Les registres paroissiaux des XVIIᵉ et XVIIIᵉ siècles d'une région comme le Beaujolais le montrent bien : savoir signer et écrire pouvait permettre à des paysans évolués d'accéder au métier de marchand (pour lequel on pouvait être qualifié d'honnête ou d'honorable) et d'avoir ainsi accès à une bourgeoisie rurale.

C'est cette culture qui permettait d'obtenir les diplômes auxquels notre système est tant attaché, ou d'intégrer le monde du commerce, ce qui permettait d'envisager une évolution sociale.

Notre attachement à l'écrit est donc incommensurable. A tel point d'ailleurs que les langues étrangères enseignées aujourd'hui à l'université, font encore l'objet d'épreuves écrites et plus rarement orales, ce qui, vous en conviendrez, paraît quelque peu paradoxal !

Notre univers a changé : le monde s'est globalisé, nous sommes dans une civilisation de l'échange, de la communication, et il est important d'en maîtriser les techniques. Sans nier le poids fondamental du fond, (le message que nous voulons délivrer), nous devons prendre en considération les éléments de forme, lesquels, mis au service du fond, lui permettront de toucher sa cible. Il est temps que

---

[26] C'est la guerre de 14-18 qui en réunissant des Français de toutes régions a, pour des raisons bien évidentes, imposé l'utilisation d'une langue commune.

le professeur des écoles du XXI<sup>e</sup> siècle s'émancipe de la figure tutélaire de l'instituteur de la III<sup>e</sup> République !

Dernière erreur classiquement relevée en matière de communication orale et découlant là encore de notre scolarité : la définition et l'organisation du message, construit sur des schémas... de l'écrit !

Dans le cadre de l'accompagnement que nous assurons aux dirigeants en matière de prise de parole en public, nous avons régulièrement l'occasion de découvrir une organisation des idées très souvent contestable. Ils nous proposent bien souvent des plans en deux parties (grand un, grand deux) elles-mêmes décomposées en deux sous-parties (grand A, grand B, façon « dissertation ») voire des plans en trois parties, modèle Sciences Po (thèse, antithèse, synthèse), qui ne manquent pas de nous rappeler de vieux souvenirs. Cette typologie de plans fonctionne très bien à l'écrit, dans le cas de l'école ou de cours universitaires... mais surtout pas à l'oral !

Quand est venu le moment de préparer son message, de construire son discours, c'est-à-dire de rédiger en vue d'une intervention orale, la seule question à se poser est de savoir quel est l'objectif, le *message-clé* que l'on souhaite faire passer, et qui constituera l'essentiel de l'intervention.

On s'aperçoit que nos clients ont beaucoup de messages qu'ils jugent importants, et le tri n'est pour eux pas facile. Mais il faut se rendre à l'évidence : il va falloir faire des choix ! Il n'est pas possible de faire passer cinquante messages, pas plus que vingt ou même dix. Trop d'information tue l'information. Il est nécessaire d'identifier une, deux, trois idées principales, mais pas plus ! Tout ce qui ne rentre pas dans le cadre de ces deux ou trois idées au maximum doit être élagué. « *Il ne sert strictement à rien de vouloir trop dire* », indiquai-je un jour à mon curé qui avait l'habitude de profiter de chacune de ses homélies pour passer en revue tout le catéchisme ! Les gens n'entendent pas, sont perdus, ne sauront pas à quel saint se vouer si l'objectif n'est pas clair. De plus, ils ne retiendront rien !

A vouloir être trop ambitieux, le risque est de ne rien délivrer du tout.

Dans le travail de préparation de discours qu'assure souvent Delphine Haber, l'une des meilleurs spécialistes du sujet, nous sommes bien souvent obligés de démolir complètement la structure initialement prévue par notre client, pour recadrer l'intervention, en fonction de cet objectif prioritaire. Il s'agit tout d'abord d'obtenir son adhésion totale sur ce qu'il souhaite réellement faire passer : quand il est composé de deux ou trois idées, il est nécessaire de trouver, pour les résumer, le « plus petit dénominateur commun » synthétisant ces idées, les regroupant en une formule qui pourra constituer un véritable leitmotiv, tout au long de l'intervention.

Dès le démarrage, dès l'accroche de l'auditoire, il sera nécessaire « d'annoncer la couleur », c'est-à-dire de fixer expressément l'objectif de l'intervention : « *Voilà aujourd'hui le message que je viens vous délivrer* ». Il s'agit bien souvent d'une formule facilement mémorisable. Courte et synthétique (quelques mots au maximum), elle résumera clairement le but de l'intervention : ce pourquoi je suis là, le message que mon public doit remporter. Le passage d'un argument à l'autre donnera lieu, à chaque fois, à la répétition de l'objectif à atteindre, à la répétition du message clé.

Or, traditionnellement, certainement à cause de nos habitudes scolaires, nos clients ont beaucoup de mal à démarrer par l'idée maîtresse, qu'ils garderaient volontiers pour la fin, pour la conclusion. Nos dissertations scolaires nous ont appris, par une approche inductive[27] et progressive, à aboutir à cette conclusion, à emmener notre lecteur (le prof

---

[27] Les Américains ont plus de facilité pour bâtir une intervention, car ils sont culturellement dans une logique déductive, et, nous l'avons vu, dans une culture explicite.

de lettres !) à l'idée qui s'impose. Eh bien, à l'oral, il faut faire l'inverse. Et ce n'est pas facile ! Pourquoi ? Simplement par ce que l'esprit de ceux qui vous écoutent vagabonde (et c'est normal). Si vous ne leur procurez pas un fil rouge auquel ils pourront revenir et se raccrocher (l'objectif), vous les aurez définitivement noyés et perdus entre le déroulement de votre raisonnement et les sollicitations variées de leur cerveau. Il est donc nécessaire de préciser clairement dès le départ vers quelle destination vous souhaitez les emmener.

Il n'est pas évident du tout de changer de logique a priori, mais dès que l'on y a goûté, on s'aperçoit de la puissance de la méthode ! Ainsi, les enseignants auraient à cœur de dissocier l'écrit de l'oral et de montrer que l'organisation des idées ne peut être la même.

Autre écueil traditionnel chez les Français, « la volonté de faire compliqué ». Comme vous le savez sans doute, la culture française est une culture implicite et - ce n'est pas notre faute - nous ne disons pas forcément *clairement* les choses, restant souvent dans le non-dit ou l'allusion et préférant souvent « tourner autour du pot » pour faire comprendre « à demi-mot » (*cela va sans dire*).

A titre d'exemple, un collaborateur étranger vous demande : « *A mon arrivée à Roissy, vous préférez que je loue une voiture, ou que je prenne le RER ?* » et vous lui répondez « *j'aime autant que vous preniez les transports en commun !* ». Ne soyez pas étonné de le voir arriver en voiture de location, car vous lui avez bien dit que vous aimiez *autant*, c'est-à-dire qu'il pouvait penser « que cela vous était *égal* ».

Deuxième exemple, celui du référendum : quand une question est posée au peuple français (avec un choix *oui* ou *non* pour la réponse), c'est généralement à une autre question, (*non réellement posée*) que répondent les électeurs !

Ne nous étonnons pas alors que les Américains raillent notre « intellectualisme à la française ». Nos discours à la recherche d'effets de styles sont trop souvent écrits pour passer à la postérité et utilisent des circonlocutions et des formules alambiquées. Les objectifs ne sont pas clarifiés car nous avons peur d'être infamants pour notre public : surtout ne pas indiquer clairement les choses, surtout éviter les répétitions, ce serait le prendre pour un imbécile ! Nous sommes souvent à un autre niveau, à un deuxième, troisième ou quatrième degré, éminemment supérieur bien sûr ! Ainsi aux passages-à-niveau américains peut-on lire : « *stop, see and listen* ». Chez nous il est écrit : « *un train peut en cacher un autre* »... Cherchez la différence !

Dans la préparation d'une intervention, les Américains utilisent ce que nous appelons la règle du K.I.S.S. (*keep it simple, stupid !*)[28] qui consiste à simplifier à outrance les éléments du discours et à dire directement les choses.

Je garderai toujours en mémoire le discours d'un ancien Ambassadeur de France à Pékin, recevant à la résidence de France une délégation d'hommes d'affaires à laquelle je participais. L'homme était pompeux, pédant, inefficace et parlait pour ne rien dire. Ni la forme, ni le fond. Quelle honte pour notre pays ! Quelle inefficacité pour notre économie ! Quel parasite pour nos contribuables ! «*Au Quai d'Orsay, beaucoup sont de la même veine* » me confiait un chef d'entreprise, beaucoup plus habitué que moi à ce type de manifestations[29]. J'espère qu'il exagérait, mais je crains que non. Ce type de discours, pourtant réalisé de nombreuses fois par an dans nombre d'ambassades et de consulats, où il n'y a pas d'objectif, d'intention, d'image escomptée, de réel « *take home message* » est totalement stérile. Chaque intervention doit répondre à un objectif précis, être préparé

---

[28] Ou silly, au choix !
[29] Notons au passage que la France dépense des fortunes pour l'entretien de son réseau diplomatique, se classant 2$^e$ pays au monde derrière les USA !

pour l'oral. Personnellement, j'aimerais voir passer tous les ambassadeurs par une solide école de commerce.

Vous le savez, maintenant, la communication orale et interpersonnelle est une matière qui s'apprend. Pour cela il faut une méthode : les éléments abordés précédemment et bien d'autres encore doivent s'inscrire dans un déroulé pédagogique ponctué d'exercices, constituant une véritable montée en puissance. Ce n'est pas un problème : des pédagogies existent. Il faut également des enseignants à la hauteur, nous allons en parler. Mais auparavant, quelques précisions sur d'autres apprentissages en communication.

### Les thèmes à ne pas traiter

#### *1. Les autres techniques de communication*

Si l'on souhaite identifier et segmenter les différents apprentissages en matière de techniques de communication, il faut prendre en considération le fait que l'acquisition des techniques fondamentales (savoir s'utiliser physiquement) est la priorité absolue. Les catalogues des différents instituts concernant des produits de formation à la communication font état d'enseignements qui bien souvent, avec des appellations variées, se superposent ou se recoupent (développement du leadership, *communication skills*, prise de parole en public, être un bon orateur, convaincre et influencer...). Il s'agit en réalité globalement des mêmes outils de communication. Ces techniques de base (au sens noble du terme) peuvent toujours, par la suite, être optimisées, développées, renforcées. En une formule, on pourrait dire qu'il s'agit d'un travail sur soi destiné à s'affranchir de nos blocages et de nos mauvaises habitudes. C'est la réforme majeure que je souhaiterais voir mise en route à un niveau général.

Au-delà de ces techniques fondamentales, il existe un certain nombre de techniques spécifiques, liées aux circonstances ou à la qualité des interlocuteurs. A titre informatif, nous allons rapidement survoler ces autres techniques afin de disposer d'une vue d'ensemble des principales formations à la communication. Elles n'entrent pas dans le champ envisagé mais correspond à des cas particuliers, régulièrement confondus avec les techniques fondamentales. Celles-ci ne devraient idéalement être abordées qu'après l'apprentissage des premières, mais ce n'est malheureusement pas toujours le cas. Pour parer au plus pressé, certaines entreprises vont former leurs collaborateurs à ces autres techniques, notamment le media-training (techniques d'interview) ou à la communication de crise, alors que les intéressés n'ont que trop rarement une aptitude à s'utiliser et s'impliquer dans leur message. Dans ce cas là, le résultat est rarement fantastique.

Il est ainsi possible d'apprendre à poser sa voix et en optimiser l'harmonie, à animer une réunion, à maitriser les techniques d'interview ou la communication de crise, à effectuer intelligemment des présentations PowerPoint®, à lire un prompteur, ou même à s'adresser à un auditoire nord-américain. Nombreux sont les thèmes, auxquels on pourrait encore ajouter la PNL, la *process* communication, la communication non-violente, et beaucoup d'autres techniques. Nous nous limiterons à celles directement en lien avec notre sujet.

## 2. *L'utilisation des slides*

Nous commencerons par ces fameux *slides*, transparents en France, où PowerPoint© a supplanté ses concurrents au point de voir sa marque devenir un terme générique, au même titre que le Frigidaire ou la fermeture Eclair.

Ce logiciel a permis à beaucoup de personnes de structurer et d'adosser leur pensée à une présentation visuelle, souvent perçue comme indispensable à leur prise de parole. Au prétexte que le visuel est plus impactant que l'oral, les interventions en public dans l'entreprise sont souvent devenues des enchainements de *slides* en cascades, et dont la copie papier pouvait être remise à chaque *victime* présente dans la salle. Que ces intervenants sachent qu'il est tout à fait possible (et même vivement conseillé !) d'intervenir dans une prise de parole en public sans aucun transparent ! Trop souvent, peut-être pour justifier leurs travaux réalisés en amont, certains orateurs se croient obligés d'avoir recours à ces aides visuelles. Lorsque vous êtes face à un public nombreux, une convention de cinq cent personnes par exemple, il est possible, *si vous y tenez vraiment*, d'utiliser un, deux ou trois *slides* pour renforcer visuellement un élément clé. L'objectif de chaque transparent sera ici d'illustrer sous une forme impactante une idée majeure, ou de souligner un objectif prioritaire. Il ne doit s'agir que d'une illustration, d'un chiffre ou de deux ou trois mots clé, pas plus !

Bizarrement, depuis une quinzaine d'années, l'utilisation systématique de nombreux transparents, souvent chargés d'informations, vient saborder les différentes interventions. Au grand dam des vrais communicants, se sont mises en place des pseudo cultures d'entreprise, avec une utilisation sans discernement de PowerPoint à la chaîne contenant *bullet-points*, courbes, graphes, diagrammes, gratte-ciel et autres camemberts utilisés à tire-larigot. Bien souvent, il s'agit là d'un véritable doublage, d'un *sous-titrage* redondant des messages, pourtant exprimés dans une langue commune, qui vampirise les écrans de la scène et escamote l'orateur – lequel n'existe quasiment plus. Les chiffres et les textes occupent tout l'espace, les messages dits « principaux » donnent prétexte à une déclinaison outrancière de lignes, de points, de flèches : une véritable avalanche d'informations qui peuvent occuper vingt-trois lignes par visuel.

Naturellement, ceux-ci sont nombreux : il est fréquent de compter trente à quarante transparents (voire parfois le double !) pour une seule et même intervention.

Quant aux individus composant l'auditoire, leurs cerveaux ne sont plus disponibles, rapidement embrouillés, saturés... ils ont décroché. Le public demeure prostré, totalement anesthésié, bientôt léthargisé par ce *karaoké*. Paradoxalement, le communicant se sent, lui, plutôt rassuré. Il a pu montrer qu'il connaissait la question, il pense avoir bien préparé son intervention et la torpeur du public est proportionnelle à son érudition. Alors qu'il termine sous les applaudissements d'un auditoire heureux de son départ, l'intervenant suivant lui emboite le pas sur le même mode opératoire.

Le summum est atteint quand celui-ci, face à son public, tourne la tête pour lire ses propres slides. On me raconta qu'un jour, Jean-Luc Lagardère, le père d'Arnaud, proposa à l'un de ses collaborateurs qui, intervenant sur scène, essayait vainement de lire derrière lui ses slides diffusés sur un grand écran, de venir s'asseoir à ses côtés, au premier rang, « *pour les lire ensemble* » ! On peut penser que celui-ci n'a pas du faire une grande carrière dans le groupe.

Devant de grandes assemblées, les transparents ne sont pas nécessaires et s'ils existent, ils doivent être peu nombreux, très clairs, très courts. Les meilleures interventions ont lieu sans transparents : c'est le communicant qui doit exister, occuper l'espace et concerner son public. On comprend que certains Dircoms interdisent strictement l'utilisation de slides.

En revanche, il en va différemment lors de la présentation d'une stratégie, d'un rapport d'activités ou de la « vente » d'une démarche technique et complexe à un public réduit d'experts. Ici, la difficulté de compréhension des sujets, le besoin de précisions et d'explications détaillées appellent l'utilisation d'une présentation par slides. Mais celle-ci ne sera réellement efficace que lorsque les règles de fabrication destinées à lui donner cohérence, puissance et attractivité auront été respectées. Il s'agit là de techniques qui, encore une fois, s'apprennent, mais ne concernent que des cas très particuliers. Abusivement utilisés dans des cadres larges où ils n'ont rien à faire, les slides assurent à ces situations un parasitage inégalé.

Entre les deux extrêmes que constitueraient une intervention grand public où le communicant doit être le seul vecteur des messages et les interventions en comité restreint face à un public d'experts, il est possible de faire varier le curseur d'un côté ou de l'autre. Mais partons du principe que les transparents sont loin d'être nécessaires !

## *3. Les techniques d'interview*

Les techniques d'interview appelées communément media-training sont des outils que toute personne appelée à rencontrer un journaliste se doit de maitriser. Beaucoup de dirigeants refusent encore d'être interviewés, de crainte de se faire piéger et de constater ultérieurement dans la presse (qu'elle soit écrite, radio ou télévisée) la présence de messages très éloignés de ceux qu'ils voulaient transmettre.

Il existe de nombreux cas où des déclarations mal maitrisées ont pu coûter fort cher aux intéressés, certains y ont perdu leur job et n'ont rien vu venir ! Il est vrai que, plus que jamais, la presse est devenue un quatrième pouvoir. Au nom de la démocratie, qu'elle dit vouloir défendre (et qu'elle défend heureusement parfois), et de la liberté d'informer, qui est certes essentielle, elle peut se comporter parfois de façon contestable.

Un certain nombre de journalistes, notamment à la télévision, ont pris conscience du pouvoir que leur media pouvait apporter à leur propre personne. Certains d'entre eux sont même engagés dans une véritable guerre individualiste, prêts à tuer père et mère pour leur réussite. Ils se comportent comme des stars, qu'ils finissent parfois par devenir à force d'autopromotion et d'autocongratulations, et se permettent tout. Un ancien rédac-chef de *La Tribune*, enseignant de ces techniques d'interview, explique ainsi la méfiance nécessaire qu'un interviewé doit avoir face au journaliste vedette de France 3 Régions : « *soucieux d'être remarqué par sa hiérarchie (ou par la concurrence) il est dangereux, car prêt à tout pour se faire identifier et monter à Paris !* ».

Au nom du peuple français, de l'opinion publique, jouant les Mandrin, les Zorro ou je ne sais quels autres défenseurs de la veuve et de l'orphelin, ces électrons libres de l'audiovisuel, beaucoup plus animateurs que journalistes, donnent leur avis sur tous les sujets, font l'actualité et orientent systématiquement l'information. Lors des douze derniers mois précédant l'élection de François Hollande, un grand nombre d'entre eux ont voulu abattre son prédécesseur, et ont eu sa peau. Ils ont été à la base d'une véritable entreprise de démolition, proprement scandaleuse et fort éloignée du devoir d'informer. Ils se pensent titulaires d'un véritable fonds de commerce (« *on passe chez untel* ») et se nourrissent de l'attractivité de leur(s) invité(s) pour engraisser leur image personnelle. Celle-ci sera déployée en de nombreuses occasions, notamment à travers les différents médias auxquels ils collaborent, mêlant de plus en plus souvent l'audiovisuel et la presse écrite. Ici, l'objectif n'est plus l'information mais leur promotion. Même les Unes des news magazines sont souvent provocatrices : les photos utilisées, pourtant très souvent prises hors du contexte évoqué, alimentent et semblent accréditer les titres racoleurs. *Marianne* traite l'ex-Président de voyou de la République. Les attaques sont violentes, frontales mais aussi parfois pernicieuses.

L'exemple, parmi tant d'autres, de David Pujadas, présentateur du 20h sur la deuxième chaine, est symptomatique. Quelques jours avant le deuxième tour des présidentielles, le journaliste a ouvert son journal par le titre : « l'affaire Betancourt s'invite dans la campagne ! » Bel exemple frisant la manipulation de l'opinion publique. Il s'agissait là d'une nouvelle qui n'en était pas une et qui avait été largement commentée plusieurs mois plus tôt, une instruction était d'ailleurs alors en cours. Jusqu'à preuve du contraire un lien direct entre Nicolas Sarkozy et cette affaire n'avait jamais été démontrée et celle-ci s'est depuis soldée par un non-lieu. Le seul but du journaliste était de nuire, encore un peu plus, à Sarkozy. La manœuvre consistait ici à faire passer le jugement de M. Pujadas pour un fait ! Vous conviendrez que l'on n'a jamais vu une affaire « s'inviter » dans une campagne électorale. Cette tournure impersonnelle était une invention intentionnelle du journaliste et d'ailleurs aucun autre chaine de télévision, ni aucune station de radio n'avait, ce soir-là, développé cette information. Forts de cette démolition systématisée de l'ancien Président de la République, beaucoup de Français ont pu penser *a posteriori* que toute la presse était de gauche. En réalité, ce ressenti est probablement excessif et un grand nombre de journaux tirent aujourd'hui à boulets rouges, en une, sur l'actuel hôte de l'Elysée. Tous les moyens sont bons pour vendre les journaux, faire de l'audience et assurer la promotion de certains rédacteurs. Saluons ceux qui gardent la tête froide et ne tombent pas dans ces travers.

Les journalistes anglo-saxons séparent, eux, ce qui relève des faits et des opinions, et quand ils expriment leur opinion, ils précisent bien que c'est la leur. Chez nous, certains, dans un objectif de réussite personnelle, donc de notoriété, vont tout faire pour se mettre en avant : se créer une image, un style, une signature. Ceux de la presse écrite voudront passer à la télévision. D'autres vont utiliser des accessoires (bretelles, pipes, lunettes, écharpes…) pour se créer un personnage ou se faire remarquer par un phrasé ou une tonalité outrancière pour commenter un match ou une étape du tour de France. L'important est de devenir une star !

Il est dommage, que n'existe dans cette profession, hautement « sanctuarisée », aucune tutelle, aucune haute autorité[30] pour éviter certaines dérives et sanctionner les débordements éloignés de l'éthique journalistique.

---

[30] Mises à part de timides interventions du CSA pour l'audiovisuel.

Au niveau de leur travail, d'une façon générale, les journalistes préfèreront traiter des sujets émotionnellement forts plutôt qu'intellectuellement riches. Vous avez remarqué comme moi que beaucoup de vrais sujets n'ont jamais été traités...parce qu'ils ne font pas vendre ! Même si sa mission est d'informer, le journaliste, sous l'œil de son rédac' chef, va veiller à une adéquation entre le traitement de son information et la rencontre de son public, l'audimat ou la diffusion OJD. Il est clair qu'il faut plaire, surprendre, émouvoir son auditoire si l'on souhaite vendre du papier ou faire de l'audience... Le journal de 13h de TF1 va s'intéresser aux médecins en milieu rural, à la sauvegarde du littoral ou aux vieux métiers qui disparaissent ; dans le même temps, LCI, appartenant au même groupe (Bouygues) ouvrira sur le conflit syrien, la politique économique et monétaire européenne et le risque de suppression d'emplois dans un grand groupe industriel. Pas vraiment d'informations communes ! Pourtant, dans ces deux cas, il s'agit du titre du journal de 13h. Choisissez votre chaine !

A la radio, il y a une vraie concurrence entre les stations mais qui va malheureusement de pair avec la course à l'audience ! On retombe dans le sensationnel, on cherche la nouveauté à tout prix, on met des sujets en boucle (sans quantifier l'impact que cela peut donner à une information au départ assez mineure), on programme des jeux et l'on fait croire au public qu'on lui donne la parole, il adore ça ! Les informations dispatchées ont forcément été choisies, formatées, raccourcies (« *on n'a pas le temps coco !* »), et orientées ; on vous livre du prêt-à-avaler et on vous donne le chiffre de l'audience. Le lendemain, on effectuera un sondage pour savoir ce que les Français pensent d'une information qui leur aura été inoculée. La télévision privilégiera les sujets pour lesquels existent de belles images, au détriment de sujets où il n'y a pas grand-chose à montrer... Dans cette course au scoop, le *off*, c'est-à-dire les propos que certains tiennent malencontreusement avant ou après l'interview (puisqu'ils ont la confiance de l'interviewer qui n'a pas encore commencé ou qui a terminé l'interview) est de plus en plus souvent diffusé ! D'ailleurs, en presse écrite, « l'interview à la Papa » c'est terminé ! Le journaliste pourra twitter en direct les informations que vous venez de lâcher, (naïvement vous alliez demander une relecture et la date de diffusion). Tout journaliste de presse écrite qu'il est, celui-ci aura pris soin de poser discrètement un petit caméscope sur le coin de la table, histoire d'alimenter le site de son journal sur le net. Vous le comprenez, tout cela nécessite, lorsqu'on veut s'exprimer face à la presse, la compréhension des enjeux et du choix des messages à délivrer. Plutôt que de fuir le potentiel danger d'une interview, il est préférable de mieux le cerner et de comprendre ce type d'intervention.

Il est essentiel de savoir à qui l'on a affaire, et quels sont les objectifs et les contraintes du journaliste. On ne peut évidemment penser naïvement que celui-ci va retranscrire ce qu'on va lui servir. Comme tout le monde, celui-ci peut avoir des a priori, il peut avoir un parti-pris et va, de toutes façons, choisir un angle pour relater une information. Il le choisira en fonction de ses idées, de son media et de son public. Il n'est pas toujours bien informé sur son sujet, mais il ne vous le dira pas, inversement, il aura pu creuser la question à fond, cela dépend du professionnel qui est en face de vous - d'où l'intérêt, encore une fois, de savoir où l'on met les pieds - et pourra aller directement là où « ça fait mal ».

Les entretiens peuvent être softs, pertinents voire impertinents, agressifs même, tout dépendra du rapport qui s'établira. Il est préférable de comprendre et d'assimiler les techniques qui peuvent exister, cela vous évitera de refuser une interview et de laisser les autres communiquer à votre place. Il est nécessaire de prendre conscience que l'on ne va pas à une interview les mains dans les poches. On n'y va pas non plus pour répondre aux questions d'un journaliste, mais pour faire passer ses messages. Georges Marchais à qui Thierry Le Luron faisait dire « *ce n'est peut-être être pas vos questions mais en tout cas c'est mes réponses !* » avait tout compris. La préparation en amont d'une interview doit permettre à l'interviewé d'identifier les trois ou quatre messages qui devront systématiquement être délivrés en réponse aux questions posées. Outre l'intérêt de la diffusion par ces éléments de langage des axes de communication de l'entreprise, l'interviewé affirmera sa présence et donnera une impression de maîtrise, d'assurance et de suivi d'un cap. Bien sûr, tout cela se prépare.

Vous voyez bien, au passage, que ces techniques de media-training sont fort éloignées des techniques fondamentales de la bonne communication et qu'il est donc nécessaire de bien dissocier ces apprentissages.

Je n'aborderai pas spécifiquement les techniques de communication de crise qui représentent une approche encore plus poussée, compte tenu d'un contexte, celui d'une crise, des techniques d'interview ; mais je ne saurais terminer ce tour d'horizon sans aborder les outils propres aux situations sensibles voire hostiles, malheureusement de plus en plus d'actualité, les techniques de dialectique.

## 4. *Les techniques de dialectique*

Les techniques de dialectique nécessitent un apprentissage très spécifique et très éloigné, elles aussi, des techniques de la bonne communication. Comme pour les techniques d'interview, les premières doivent être travaillées en priorité. Il ne sert pas à grand-chose de maîtriser les techniques de dialectique si les fondamentaux ne sont pas en place.

La meilleure réponse possible en terme de dialectique n'aura pas réellement d'impact si dans le même temps, l'interviewé répond en montrant son trouble par un auto-contact et une fuite du regard. En règle générale, un bon communicant conjugue les deux savoir-faire, maîtriser son image et riposter. De plus en plus fréquentes sont en effet les occasions de devoir convaincre ses interlocuteurs, faire passer ses idées face à des contradicteurs peu réceptifs ou franchement hostiles.

La façon de gagner, de marquer des points, de contre-attaquer et de remporter l'épreuve s'apprend. Proposée quasi exclusivement aux cadres dirigeants et aux personnalités publiques par ma société, cette formation aux techniques de dialectique développe l'esprit de répartie, la capacité à débattre et à l'emporter. Non seulement l'utilisation de techniques de dialectique et de rhétorique leur permet d'obtenir un réel impact dans leur intervention mais elle leur donne surtout les moyens de prendre l'ascendant sur leurs contradicteurs et de remporter les joutes verbales auxquelles ils sont appelés. Vous imaginez que la maîtrise d'un tel outil constitue un véritable savoir-faire stratégique pour les initiés.

En matière de débat et à titre d'exemple, on peut spontanément penser à ceux des élections présidentielles et notamment à celui de 2012 au cours duquel Nicolas Sarkozy a donné l'impression d'une totale impréparation et d'une quasi « absence » tout au long de son déroulement.

Concernant les dirigeants d'entreprises, ceux-ci peuvent souhaiter maîtriser ces outils pour des situations d'interview journalistique. Les journalistes « baignent » en effet souvent sans le savoir dans cet état d'esprit dialectique. Pour des raisons multiples, une personne peut être poussée dans ses retranchements par un journaliste répétant à plusieurs reprises la même question, pour cause de réponse jugée insuffisante, insatisfaisante ou incomplète, piégeant ou harcelant un dirigeant afin d'obtenir une info originale. Dans l'entreprise même, les occasions de débattre sont nombreuses : il peut s'agir de la présentation d'une stratégie marketing face à un comité exécutif qui doit en valider la pertinence par des questions souvent déstabilisantes, d'une négociation avec les représentants des organisations syndicales qui ont préalablement assuré en interne de nombreuses heures de formation à leur porte-parole (désigné par le doux et pudique euphémisme de « *partenaires* sociaux »), jusqu'à la simple confrontation de points de vue dans un comité de direction, ou encore à la négociation avec des actionnaires minoritaires, des clients ou des fournisseurs. Dans la plupart des cas, celui qui sait contrer les arguments de la partie adverse, marquer des points et l'emporter, y parvient le plus souvent par des effets de rhétorique et de dialectique qui s'apprennent. Malgré plus de vingt-cinq siècles d'antériorité, ces techniques restent d'une grande modernité et d'une puissance fantastique. Elles sont fréquemment utilisées et donnent des résultats remarquables.

Il est bien sûr nécessaire de bien comprendre l'environnement dans lequel ces techniques pourront être utilisées. Comme le précise Charles Cassuto, « le pape » de la dialectique en France et également Directeur des formations dialectiques chez VerbaTeam, les débats à armes égales, contrairement à tout ce que l'on peut entendre, n'existent pas. Ne serait-ce que parce que l'un est formé quand l'autre ne l'est pas, l'un démarre et l'autre lui emboîte le pas, parce que l'un va s'approprier le rôle qu'il a décidé de jouer et enfermer son contradicteur dans celui qui l'anéantira, parce que l'un peut apparemment se contenter d'un match nul qui en réalité lui assurera la victoire, ce que l'autre n'a même pas réalisé. Le pouvoir se prend bien souvent par l'utilisation d'un élément clé, la théorie de rôles, et de techniques immédiatement opérationnelles en attaque et en parade, les fameuses techniques de dialectique.

La victoire ne viendra pas de la qualité du fond, des arguments développés, mais de la maestria de la forme. Ce ne sont donc pas des éléments rationnels qui vont impacter mais la façon de dire. La forme, toujours la forme ! Les personnes qui s'autorisent à ne pas préparer parce qu'elles connaissent bien leur sujet ont tort ! Elles devraient savoir que Georges Marchais (*toujours lui !*), une référence en matière de confrontation, pouvait passer plus d'un mois à préparer une seule émission de télévision. Elles pourraient savoir aussi que de véritables formations aux techniques de dialectique (quels qu'en soient les noms) existent au sein des organisations syndicales, des partis politiques de gauche, d'extrême gauche ou d'extrême droite.

Pensez-vous qu'un malheureux dirigeant d'entreprise ignorant ces techniques puisse résister bien longtemps face à des représentants aguerris du comité d'entreprise, qu'il rencontrera pourtant avec bonne volonté, bonne foi...et bonne éducation ? Rapidement, il sera emprisonné dans un rôle dont lui-même ne se rendra pas compte. Le raisonnement binaire de ses contradicteurs pourra l'enfermer dans le rôle d'allié du grand patronat, suppôt du capitalisme sauvage, méprisant les revendications légitimes des travailleurs. La théâtralisation des interventions de ses opposants lui fera perdre ses repères. Il sera piégé, enfermé, conspué ! Chaque fois qu'il essayera de réagir, il s'enfermera davantage, face à un cataclysme qui le dépassera.

Bien sûr, tout est question de techniques et François Mitterrand en est un bel illustrateur. En 1974, face à Valéry Giscard d'Estaing a lieu un premier débat présidentiel et l'avocat Mitterrand fait confiance à son verbe pour gagner la rencontre. Le hasard du tirage au sort fait que Giscard démarre la joute et que Mitterrand en aura le dernier mot. C'est cet avantage pour le candidat socialiste que Giscard va retourner à son profit. Si vous avez vu ce débat, vous avez certainement noté que les deux journalistes présents, Michèle Cotta et Alain Duhamel, ont un rôle étonnamment insuffisant et ne participent pas plus à la compétition qu'un arbitre sur le bord d'un circuit de Formule 1. Valéry Giscard d'Estaing commence donc : prenant la parole, il s'empresse d'indiquer à son adversaire la façon dont le débat va se dérouler, il en définit les règles du jeu. Mitterrand prend des notes, scolairement, avec ses grosses lunettes sur le nez, sans dire un mot. Les Français ont bien devant eux un homme qui « prend le manche », qui dirige et indique la marche à suivre du débat : Valéry Giscard d'Estaing se positionne donc en leader. En face, son contradicteur subit la situation, il est suiveur. Consciemment ou inconsciemment, lorsque nous avons un choix à faire entre un leader et un suiveur, c'est bien vers le leader que nous nous dirigeons. Giscard utilisera par ailleurs la petite phrase (les petites phrases font partie de la panoplie du bon dialecticien) chargée d'émotion : « *Vous n'avez pas M. Mitterrand le monopole du cœur* ». Même ceux qui n'étaient pas nés en 1974 la connaissent. Il est probable qu'elle restera dans l'histoire.

Mais l'intérêt de cet exemple réside aussi dans son contre exemple sept ans plus tard... Nous sommes donc en 1981. Le leader socialiste qui s'est rendu compte de sa méconnaissance des techniques de dialectique a décidé de se les approprier. Quand le débat démarre, Giscard se positionne en Président de la République, fonction qui était encore provisoirement la sienne. Très vite, Mitterrand va utiliser cette théorie des rôles pour empêcher le piège qui risquerait, face au premier des Français, de faire de lui un « inférieur », un subalterne dans l'inconscient des téléspectateurs. Il va le dénoncer en disant : « *Ici, vous n'êtes pas le Président de la République, vous êtes mon contradicteur, nous sommes deux candidats d'égal à égal* ». Excellente dénonciation qui interdit à Giscard de prendre la tête. Sa stratégie n'ayant pas fonctionné, le Président en exercice va un peu plus tard s'orienter vers l'enfermement de son adversaire dans un autre rôle, celui d'un néophyte, sinon d'un ignare en économie, un domaine que lui, ancien Ministre des finances, connaît bien. L'air de rien, il demande alors à Mitterrand quel est le cours du Deutschemark. Identifiant aussitôt le piège, le socialiste dénonce l'attaque « *...Ici vous n'êtes pas mon professeur, et je ne suis pas votre élève !* ». Il contre-attaque donc avec fermeté et reprend le leadership. Vous remarquerez qu'il répond à la question posée sur la forme et non sur le fond, et c'est sur la forme qu'il marque le point (et remportera l'élection). Il ne donnera que très approximativement le cours du Deutschemark, une demi-heure plus tard, mais cela n'a plus grande importance.

Dans le débat suivant, le 28 avril 1988, le Président Mitterrand va réutiliser, face à Jacques Chirac cette théorie des rôles et le même piège que celui que lui avait tendu Giscard d'Estaing. Dès le démarrage il se positionne comme le Président de la République, ce à quoi le président du RPR, qui a lui aussi pris quelques cours, réagit immédiatement en réfutant cette appellation pour le débat. Mais il n'a pas prévu l'excellente réaction de Mitterrand, qui lui rétorque qu'il est et restera pour lui son Premier Ministre et qu'il l'appellera donc « Monsieur le Premier Ministre » ! Dès ce moment-là Mitterrand prend l'ascendant sur son adversaire qui laissera d'ailleurs échapper, un peu plus tard, un « *Monsieur le Président* » bien involontaire et bien significatif de l'ascendant que le futur vainqueur avait sur lui.

Si l'on veut poursuivre les exemples de débat présidentiel, le débat de 1995 entre Jacques Chirac et Lionel Jospin n'est pas très intéressant sur le plan de la dialectique. Au niveau des intentions de vote, le candidat de droite a des points d'avance et un match nul lui conviendrait parfaitement : pas d'agressivité, pas de prises de risques et l'élection est dans la poche ! Jospin fait montre d'un manque de préparation étonnant. Il se veut courtois, presque sympathique et précise qu'il ne nourrit aucune opposition personnelle face à un Chirac ravi d'une telle aubaine. Durant tout le débat, le socialiste se dit régulièrement d'accord avec son rival ! Il n'a pas compris qu'il est dans une position de challenger face au leader qu'est l'ancien premier ministre : la seule façon pour lui de gagner eut été d'attaquer !

Ou voici ici qu'un « match nul » peut, en fait, signifier la victoire de celui qui a des points d'avance. La seule façon pour son opposant de l'emporter est forcément d'attaquer. C'est ce que Ségolène Royal tentera de faire en 2007 mais avec un manque de techniques qui lui en fera perdre son sourire... et accessoirement les élections.

Une belle illustration de cette théorie des rôles est donnée par le débat des élections présidentielles de Côte d'Ivoire, opposant le 25 novembre 2010 Laurent Gbagbo, encore Président de la République, et son contradicteur Alassane Ouattara, qui, vous vous en souvenez, gagnera les élections et aura quelques difficultés à faire valoir son bon droit. M.

Ouattara est plutôt bel homme mais a jusqu'alors refusé toute formation. Son introduction est plutôt terne, linéaire et peu avenante. Si l'homme se dit heureux d'être candidat, ce n'est pas l'image qu'il projette ! Face à lui, Laurent Gbagbo, malin et rusé, va proposer dès que la parole lui est donnée que toute la Côte d'Ivoire observe une minute de silence « *en mémoire de toutes les victimes (des affrontements) et de tous ceux qui sont morts ou mutilés* ». Tout le monde s'exécutera et obéira donc à celui, qui, sous un masque d'empathie et d'unité nationale, s'affichera provisoirement comme un leader démocrate. Son talent oratoire ne sera pas suffisant pour gagner les élections mais il ne reconnaîtra pas sa défaite et entrainera malheureusement la Côte d'Ivoire dans une guerre civile.

C'est probablement la méconnaissance de cette théorie des Rôles qui a coûté à Nicolas Sarkozy la victoire de François Hollande.

Il m'a souvent été demandé si « Sarko » était un bon communicant. La réponse est très souvent positive. Il faut mettre de côté certaines interventions au pupitre, à une époque où il était Président de la République et où il ne prenait pas toujours le temps d'une connaissance préliminaire de ses messages. On pouvait alors le voir le regard plongé dans son texte pour nous le lire, faisant de grands gestes qui ne pouvaient pas nous concerner. Ces quelques occasions mises à part, auxquelles il fallait encore ajouter les mouvements d'épaule compulsifs, l'homme est excellent, et physiquement impliqué.

Mais revenons au débat. Ce jour-là, l'homme n'était pas tout à fait au rendez-vous. « *Ca m'emmerde ce truc*[31] » avait-il confié quelques jours plus tôt à des proches. A tel point que le Président n'avait rien préparé et ne s'était pas entraîné. Imaginez un sportif de haut niveau se présentant aux Jeux Olympiques sans aucune préparation ! « *Sa dernière pratique*

---

[31] Lire *Ca m'emmerde ce truc. Quatorze jours dans la vie de Nicolas Sarkozy*, d'Eric Mandonnet et Ludovic Vigogne (Grasset, 2012)

*de débat datait des présidentielles précédentes* » me confiait Franck Louvrier, son conseil en communication. La fin de cette campagne électorale, ajoutée à ses obligations de Président de la République commençait physiquement à lui peser. Il venait depuis quelques mois de réaliser une remontée magistrale au niveau des intentions de vote, et cette performance ne peut qu'être soulignée. Ses proches étaient maintenant partagés sur la conduite à tenir : beaucoup redoutaient que leur candidat ne s'emporte ou n'adopte une formulation trop vive qui aurait pu alors mettre définitivement à terre ses chances de victoire. On conseilla donc au Président la modération et la retenue qui sied à sa charge. Sarko s'exécuta. Dans tous les sens du terme.

Il est très probable qu'une victoire dans ce débat aurait assuré au candidat de droite l'obtention des voix qui finalement lui manquèrent (1,5%). Ecoutant ses mauvais conseillers, Nicolas Sarkozy se priva de la victoire qu'une vraie joute oratoire aurait autorisée. Il se censura et mit de côté son esprit d'attaquant, sa capacité à répartir. Il méconnut une règle essentielle déjà évoquée : un leader n'a pas intérêt à bouger ses lignes ou à prendre de trop gros risques ; un challenger n'a d'autres possibilités que l'attaque. François Hollande faisant la course en tête depuis des mois, Nicolas Sarkozy, bien que Président sortant, n'était pas leader mais challenger. Or un challenger se doit d'attaquer, sinon il est sûr de perdre !

Et pourtant les sujets d'attaque possibles ne manquaient pas : l'inexpérience du candidat de gauche dans la direction d'un Etat (François Mitterrand n'avait pas voulu de lui, même comme secrétaire d'Etat), sa gestion extrêmement contestable du seul dossier dont il ait eu la charge, le département très endetté de la Corrèze, la négation de la réalité économique dans sa campagne, ses mauvaises relations personnelles avec l'Allemagne, etc. Rien de tout cela... L'homme était groggy avant le premier coup de gong.

Son rival socialiste, bien qu'habituellement peu à son aise dans ce type d'exercice, sut restituer le fruit de son entrainement avec Claude Sérillon et le leader improbable qu'il était sur le papier se fit élire. Comme vous le constatez, la maîtrise de la théorie des rôles est essentielle.

Au-delà de cette théorie des rôles et de l'état d'esprit dialectique qui l'accompagne, existent une bonne quinzaine de techniques, utilisables en attaque et disposant chacune d'au moins une parade. Analogie, mise en cause, choix truqué, appropriation, contrepoint, effet de liste, etc. permettent non seulement de ne plus se faire piéger mais de remporter sur le champ la situation grâce à une bonne répartie.

L'apprentissage méthodique et analytique de ces outils permet outre le décodage d'un débat, l'obtention de la victoire dans un grand nombre de situations conflictuelles ou sensibles et montre bien, si besoin était encore, l'intérêt de la maîtrise des techniques de forme.

Bien évidemment ces dernières techniques sont à utiliser avec parcimonie. Très utiles à certains, elles n'en constituent pas moins un apprentissage tout à fait particulier. De la même façon, et c'est le propre de toute technique, elles peuvent être utilisées de façon malsaine et ne sont pas à mettre entre toutes les mains.

Le grand maître en matière de techniques de dialectique restera pour moi, jusqu'à ce jour, François Mitterrand qui dans le pseudo-débat de Maastricht du 3 septembre 1992 nous fit état de tout son grand art. Il était dans un état d'esprit dialectique permanent qui passait par une mise en scène et une théâtralisation hors normes, l'utilisation de la théorie des rôles poussée à l'extrême et un conditionnement préliminaire tant de l'animateur (Guillaume Durand) que de son contradicteur (Philippe Séguin). Des désinformateurs avaient d'ailleurs fait croire à ces derniers que le Président était mourant et qu'il fallait absolument le ménager. C'était la raison de la présence d'une tente à oxygène dans les lieux[32]. Philippe Séguin se montre très déférent devant le Chef de l'Etat, s'inclinant et se fendant d'un « Bonjour-

---

[32] Bel exemple de théâtralisation !

Monsieur-le-Président-de-la-République », et ne porte quasiment aucune attaque. Le soi-disant moribond se révélait encore une fois être un homme rusé et habile, capable au demeurant de séduire une grande partie des téléspectateurs.

## 10.

# LES ACTEURS DU CHANGEMENT : QUELS ENSEIGNANTS ?

Nous l'avons dit, le changement culturel à engager au niveau national en matière de communication ne sera possible que par étapes, en s'appuyant d'abord sur les enseignants de l'Education nationale. Ceux-ci devraient être formés en amont afin d'être en mesure de démultiplier l'enseignement de ces savoirs. Mais généraliser l'enseignement de la « bonne » communication interpersonnelle n'est pas chose facile : d'abord parce que la prise de conscience de nos carences n'est pas effectuée, ensuite parce que les pédagogues réellement compétents ne sont pas légion. L'aspect formel de la communication n'étant pas considéré comme digne d'intérêt, *c'est le serpent qui se mord la queue* : peu de gens traitent correctement, ou sont en mesure de traiter correctement le sujet. A de rares exceptions près, on s'aperçoit que la plupart des grandes écoles et des Universités, notamment les écoles de commerce qui paraîtraient pourtant les mieux placées, n'ont pas encore mesuré l'intérêt réel ou n'ont pas les moyens d'un enseignement approfondi de cette matière.

Dans ces écoles, même si le mot communication figure au programme, la matière se résume bien souvent à l'approche du marketing de la communication au niveau de l'entreprise (communication *corporate*, promotion, publicité, relations publiques...) mais n'implique que rarement l'individu et ne s'intéresse que très peu à sa personne. De plus, nous le verrons, les professionnels n'ont pas tous la compétence réellement requise.

Les rares occasions où l'élève est personnellement et directement impliqué résident dans certaines séances de media-trainings. Le media-training (approche du métier de journaliste et des techniques d'interview) intègre généralement la personnalité des deux parties en présence, l'interviewé et l'interviewer, ainsi, bien sûr, que le message à faire passer. Mais il n'y a aucun travail préliminaire sur l'individu, et les techniques d'interview y sont enseignées en groupes, généralement sur une seule journée - pour un cycle de trois années d'études. Les enseignants y sont souvent des journalistes qui arrondissent leurs fins de mois et qui n'ont souvent pas eux-mêmes la connaissance des techniques de la bonne communication. Non seulement il n'en restera pas grand chose quelques années plus tard (en début de carrière professionnelle les occasions d'être interviewé sont rares), mais cela n'a pas grand rapport, comme nous l'avons vu, avec le développement personnel que je propose de généraliser.

Notons que le terme « media-training » est classiquement utilisé pour désigner l'activité des entreprises comme la mienne : cette pauvreté de langage illustre bien la méconnaissance du sujet !

Il est navrant de remarquer que, globalement, les jeunes étudiants sortant des ESC françaises ne sont pas plus capables que ceux qui sortent d'études d'Ingénierie de prendre avec aisance la parole en public. Combien se font laminer quelques mois plus tard par le jugement acerbe de leur boss dans la multinationale américaine qu'ils ont pourtant eu la chance d'intégrer ! A ce propos, l'article de Gilles Lockhart dans le magazine *L'Expansion* de novembre 2010, adossé à l'étude réalisée par VerbaTeam auprès d'une cinquantaine d'écoles de commerce, plante bien le décor : *« pour un dirigeant, la maîtrise de la communication verbale est désormais cruciale. Pourtant, lors de ses études, la future élite française y est mal préparée, et, sauf rares exceptions en la matière, peut mieux faire... »* Voilà qui est dit d'une façon politiquement correcte.

Dans l'hypothèse d'une réforme d'envergure, qui prendrait le problème à la base, c'est-à-dire dès l'école, et qui serait à même de conduire le changement, quels seraient les professionnels du « verbe » capables de dispenser un savoir-faire ? On peut spontanément penser aux avocats, aux *coaches,* aux journalistes de télévision, aux enseignants et aux comédiens. Sont-ce de bons choix ?

**Les avocats**

Contrairement à ce que l'on peut imaginer, les avocats, qui ne sont pas des pédagogues, doivent être immédiatement exclus ! Aujourd'hui ceux-ci ne plaident presque plus, et pour un grand nombre d'entre eux, le quotidien est souvent plus proche de celui de femmes, d'hommes, ou de banquiers d'affaires. D'ailleurs plusieurs grands cabinets anglo-saxons ont bien perçu l'intérêt de demander à mon entreprise une formation pour leurs associés français.

Si quelques « pénalistes » isolés plaident encore de temps en temps, leurs interventions s'inscrivent dans un environnement cadré, où la plaidoirie n'est souvent qu'un exercice de style : l'intime conviction des magistrats professionnels (et accessoirement des jurés) dépend beaucoup plus du dossier, de la préparation des arguments et de la rédaction des conclusions, que de l'art oratoire. La starisation de quelques-uns, soucieux d'entretenir une image médiatique grand public (cheveux longs, effets de manche, jabots au vent, pseudo-indignations et fausses colères…) ne trompe plus grand monde et n'en fait en aucune façon des spécialistes crédibles du savoir communiquer.

**Les coaches**

Issu de l'univers du sport (depuis fort longtemps les sportifs américains de haut niveau disposent d'un coach), ce terme est apparu en France il y a une quinzaine d'années dans le monde de l'entreprise. Il désigne la personne qui accompagne un salarié dans l'optimisation de son travail, son épanouissement, et le renforcement de ses capacités managériales. Initié ou suggéré généralement par le DRH, le recours au *coach* s'exerce théoriquement dans un cadre très précis avec une exigence de déontologie et un sens du résultat.

Il existe de bons professionnels reconnus en coaching mais malheureusement ce terme est aujourd'hui un vaste fourre-tout où l'on trouve différents opérateurs aux profils très variés : certains coaches sont plus des conseillers en image vestimentaire, d'anciens comédiens, des professeurs de chant, de théâtre ou de lettres, des sophrologues, des animateurs, des avocats ou des journalistes, des recruteurs, d'anciens chômeurs reconvertis ou de jeunes retraités. Même si on peut trouver là des prestations de qualité, celles-ci risquent de n'être que partielles, très orientées, et l'erreur de casting est vite arrivée. Il est vrai qu'il est plus facile de proposer pudiquement à un manager ou à un dirigeant quelques séances de coaching plutôt que de l'inscrire à une vraie formation.

Compte tenu de l'aspect hétéroclite des profils, il ne peut s'agir ici d'un véritable réservoir dans lequel puiser pour l'atteinte de nos objectifs.

**Les journalistes de télévision**

Une troisième catégorie d'intervenants possibles pourrait être celle des journalistes de télévision. Ces praticiens de l'image ne sont-ils pas en mesure d'assurer un tel enseignement ? Si nous avons vu que certains avaient une attitude pouvant sembler discutable, tous heureusement ne tombent pas dans ce travers.

Un certain nombre d'entre eux assurent déjà (souvent discrètement) des media-trainings, c'est-à-dire qu'ils enseignent les techniques d'interviews, précisent les contraintes et les objectifs des journalistes. Certains de leurs confrères les perçoivent alors comme des brebis galeuses, qui vont livrer à l'ennemi des armes qui sont les leurs ! Vision manichéenne, où il y aurait deux camps, les bons et les méchants.

Récemment une journaliste audiovisuelle à forte notoriété auprès de qui j'esquissais au téléphone la possibilité d'intervention dans ma société afin de perfectionner des dirigeants, refusait net ces travaux d'approche : elle préférait, me disait-elle, avoir affaire dans ses interviews professionnelles à des personnes non formées « *qu'elle pourrait piéger afin de parvenir à « leur faire cracher le morceau* ». Il est étonnant de constater au passage que la formation initiale des journalistes est concentrée dans seulement quelques écoles ou centres de formation (qui se comptent sur les doigts d'une seule main). Elle y est assurée d'une façon générale par des journalistes, sinon trotskystes en tous cas très souvent marqués à gauche, ce qui explique peut-être le déséquilibre ressenti par l'opinion publique. Ils inculquent systématiquement, dans une approche simpliste bien/mal - gauche/droite - salariés/patron - fraternité/égoïsme que l'entreprise représente le monde de l'argent, donc le monde du mal. Il est surprenant de voir combien ce schéma est ancré dans l'esprit de la plupart des journalistes, toutes tendances confondues ! Peu ouverts et méfiants vis-à-vis des entreprises, ceux-ci, se percevant eux-mêmes en chevaliers blancs, sont souvent dans des logiques de dénonciation et d'opposition. Il est dommage qu'un grand nombre de donneurs de leçons, qu'ils soient journalistes, fonctionnaires ou politiques n'aient en France jamais eu l'occasion de savoir ce qu'est de gagner de l'argent ni de connaitre réellement l'entreprise.

Quoi qu'il en soit, ces journalistes media-trainers interviennent sur l'occasion particulière de communiquer qu'est *l'interview*, et les techniques qui lui sont propres, mais assez peu sur l'individu lui-même. Sur ces aspects comportementaux, leurs compétences peuvent être très variables ; un certain nombre d'entre eux, et non des moindres, ont eu l'honnêteté de reconnaître qu'ils ont beaucoup appris lors de leur passage au sein de ma société... où ils étaient venus enseigner la seule technicité de l'interview.

La diversité des compétences des journalistes au niveau de cette forme rejaillit d'ailleurs à travers la diversité de leurs prestations. Il est fréquent de constater sur les chaînes de télévision locales ou régionales, la présence d'auto-contacts des mains, de fuites du regard ou de regards peu soutenus, un manque de sourire, et parfois un débit rapide.

Les journalistes présentateurs des journaux des grandes chaînes paraissent les meilleures recrues possibles, mais leur niveau technique, leur disponibilité et leur intérêt sur la question ne sont pas toujours au rendez-vous. Précisons que la présentation du JT est un exercice particulier où comme vous le savez, le journaliste nous lit en direct un prompteur. Son rôle de présentation n'est pas de « s'engager » personnellement dans l'information ; il n'a pas à commenter émotionnellement les nouvelles. A l'exception d'une mine de circonstance pour un drame d'envergure (souvenons-nous de Roger Gicquel, ancien présentateur du 20h sur TF1 qui n'hésitait pas à porter sur son visage le poids des événements dramatiques qu'il avait à annoncer), ou d'un léger sourire sur des thèmes universellement sympathiques (une naissance, un mariage, un comédien apprécié, des loisirs...), le journaliste doit théoriquement rester neutre et s'en tenir à la description des faits. Imaginez ce que donnerait le soupir d'un présentateur doublé d'un léger haussement d'épaule, en commentaire non verbal d'une déclaration du Chef de l'Etat ou du Premier ministre !

Meilleurs recrues seraient, en revanche, les journalistes qui ont l'habitude de « *faire des ménages* », c'est-à-dire d'animer des conventions d'entreprises. Il faut savoir que les entreprises, pour enrichir leurs événements, font régulièrement appel à des journalistes souvent connus, comme animateurs de réunions nationales ou internationales, et profitent tant du talent de l'individu que de sa notoriété auprès du grand public. S'ils sont et deviennent (*dans nos métiers la pratique renforce le talent*) de bons communicants, les tarifs qu'ils pratiquent sont de toutes façons un obstacle insurmontable pour l'organisation de formations de masse, et le nombre de journalistes disponibles est totalement insuffisant.

**Les formateurs professionnels**

A l'exception de quelques rares universitaires, ici où là, plus souvent théoriciens que praticiens, plus chercheurs que pédagogues, les enseignants disponibles en France sont essentiellement issus du secteur privé, qu'ils soient consultants indépendants ou prestataires travaillant pour leur compte ou dans des structures privées de formation. Rappelons que le marché français de la formation est en grande partie un marché de consultants individuels, extrêmement atomisé.

S'agit-il ici d'un « réservoir » possible pour animer notre réforme ? C'est probable. Il subsiste néanmoins un problème : un certain nombre d'enseignants en communication (art oratoire, prise de parole en public, techniques de communication, conduite de réunions...) n'ont malheureusement pas réellement tout compris de l'amplitude de la matière qu'ils enseignent, de ses fondamentaux et de ses enjeux. Une majorité d'entre eux est constituée d'anciens comédiens « *pour qui cela ne marchait déjà pas »,* selon le mot de Louis Jouvet, et qui sont venus à ce métier d'enseignant pour des raisons alimentaires. Bien souvent, ils enseignent « la prise de parole en public » sans grande pédagogie, et reproduisent purement et simplement des exercices pratiqués lors de leurs études d'art dramatique. Il s'agit là pour eux d'une formation faisant partie de leur catalogue, souvent au même titre qu'un grand nombre d'autres. Si, en général, ils font passer un bon moment (c'est la moindre des choses) à leurs clients en apprenant à occuper l'espace, à déclamer des vers ou même à suivre des yeux une mouche *invisible*[33] qui volerait dans la salle de formation, tout cela est bien éloigné des vrais enjeux ! La valeur ajoutée de telles prestations reste souvent bien mince. La pédagogie est approximative, l'enseignement varie en fonction de l'enseignant, les explications données sont parfois même contestables.

D'autres en sont restés aux anciennes techniques de l'art oratoire dispensées depuis le XIX$^e$ siècle et qui, quoique toujours enseignées, paraissent aujourd'hui quelque peu décalées. Citons par exemple, une articulation excessive, à la façon d'un Michel Rocard ou d'un Jacques Chirac, un ton grandiloquent dans le genre de Bernard Kouchner ou Dominique de Villepin, une exubérance paraissant souvent outrancière type Gilbert Collard ou Jean-Luc Mélenchon.

D'autres enfin, et ce sont les plus nombreux, n'ont pas de méthode, ils filment et relisent, ils consomment du temps... Malheureusement les fondements de la matière ne sont pas connus.

Ayant eu l'occasion, tant en France qu'à l'étranger, de chercher à recruter des collaborateurs, j'ai rencontré un grand nombre de consultants de ce type. Leur seule « méthodologie » est souvent l'utilisation d'une caméra ou d'un caméscope ! Les relectures succèdent aux enregistrements, nourries de commentaires subjectifs. Aucune approche méthodologique, aucune accroche pour mémoriser d'éventuels principes de base, eux-mêmes souvent absents, aucune réelle évolution, ni par étape, ni en fin de parcours. Que savez-vous faire, en fin de formation, que vous ne saviez faire auparavant ? Rien ! Ou si peu !

Trop souvent, ils diluent quelques techniques à travers des stages allongés qui sont à refaire quelques mois plus tard.

---

[33] On m'a assuré que ce genre d'exercice avait été pratiqué dans des formations à la communication en entreprise !

D'autres intègrent des éléments de psychologie, de PNL et d'un grand nombre d'outils forts intéressants mais qui n'ont pas réellement leur place ici. Ces formateurs ne sont pas volontairement mauvais. Ils peuvent être de bonne foi, mais ils n'ont pas cerné les contours de l'art qu'ils pensent enseigner. Malheureusement, ils sont encore nombreux. La première chose à faire serait donc de mettre à jour leurs connaissances.

Heureusement, il existe de bons formateurs ! Ils se trouvent principalement parmi les consultants indépendants ou au sein de quelques rares structures. Bien souvent, ils cumulent des métiers différents : comédien et formateur, réalisateur et formateur, consultant et conseil en formation. En effet, il est difficile dans ce métier, physiquement très éprouvant lorsqu'il est bien fait, d'être capable de « donner de soi » en permanence, tout au long de la semaine. Un formateur travaillant en continu, à temps plein, ne peut que devenir rapidement un enseignant fatigué, épuisé, laminé. Il est donc nécessaire, dans cette discipline, de pouvoir se ressourcer et même s'oxygéner dans d'autres activités. Non aux salariés à plein temps pour ce type de job !

C'est bien évidemment parmi ceux-ci que pourraient être recrutés des intervenants susceptibles de constituer un véritable foyer réformateur pour mettre en route un vrai changement culturel. Leur recrutement devrait être validé et leur aptitude à partager les techniques fondamentales adossées à un programme commun à tous, ce qui en soit ne paraît pas poser de problème majeur. Ces personnes pourraient alors, au sein des centres de formation des enseignants, assurer une *formation de formateurs*, c'est à dire apprendre aux enseignants de l'Education nationale cette discipline et la façon de l'enseigner. Les bons communicants étant nombreux outre Atlantique, il est toujours possible de s'appuyer sur cette manne (américaine) pour renforcer, si volonté il y a, nos équipes nationales. Bien sûr une telle réforme ne peut être initiée que si les décideurs ont eux-mêmes conscience des enjeux.

En l'espace de quelques années le train du changement pourrait être mis en place et les premiers efforts pourraient être rapidement visibles. Reste à ce que la prise de conscience se fasse et, non la moindre des choses, que les enseignants de l'Education nationale en acceptent la mise en chantier. Plutôt que de résister au changement devant la crainte d'une remise en cause (de ce que certains considèrent comme des certitudes), il est important qu'ils soient les « acteurs » de ce changement, que leur légitimité à enseigner ne repose plus seulement sur leurs savoirs, mais aussi sur leur aptitude à transmettre. Dans notre intérêt à tous. Le fond et la forme !

## TABLE DES MATIERES

Avertissement ................................................................. 7

I. Mise en bouche : les pieds dans le plat ! ........................ 11

II. Notre héritage judéo-chrétien ....................................... 19

III. Dès les bancs de l'école .............................................. 25

IV. Les Anglo-Saxons ....................................................... 31

V. L'échec de l'enseignement français ............................... 41

VI. Le fond du problème : un problème de forme ............. 47
- L'apparence ............................................................. 47
- La beauté ................................................................. 53
- Le look .................................................................... 56
- L'image des femmes ................................................ 58
- L'impact .................................................................. 61
- Soigner la forme ...................................................... 65

VII. Le véritable secret des orateurs.
Mais qu'est-ce donc qu'un bon communicant ? ............... 71
- Des techniques ........................................................ 71
- Le regard ................................................................. 74
- La gestuelle ............................................................. 80
- L'auto-contact ......................................................... 86
- Le silence ................................................................ 90
- Le sourire ................................................................ 96

VIII. La communication : une valeur ajoutée ................. 101

IX. L'apprentissage de la communication ............................ 111
- Une vaste réforme culturelle à l'école :
  Apprendre à s'aimer ................................................. 113
- Les thèmes à traiter ................................................ 115
1 Savoir regarder et optimiser son image visuelle ......... 115
2 Optimiser son image sonore ..................................... 123
3 Créer la rupture et identifier les spécificités de l'oral 128
- Les thèmes à ne pas traiter ..................................... 135
1 Les autres techniques de communication ................. 135
2 L'utilisation des slides .......................................... 136
3 Les techniques d'interview ...................................... 139
4 Les techniques de dialectique .................................. 144

X. Les acteurs du changement : quels enseignants ? ........ 155
- Les avocats ........................................................... 157
- Les coaches .......................................................... 157
- Les journalistes de télévision .................................. 158
- Les formateurs professionnels .................................. 161

**L'HARMATTAN ITALIA**
Via Degli Artisti 15; 10124 Torino

**L'HARMATTAN HONGRIE**
Könyvesbolt ; Kossuth L. u. 14-16
1053 Budapest

| **L'HARMATTAN KINSHASA** | **L'HARMATTAN CONGO** |
|---|---|
| 185, avenue Nyangwe | 67, av. E. P. Lumumba |
| Commune de Lingwala | Bât. – Congo Pharmacie (Bib. Nat.) |
| Kinshasa, R.D. Congo | BP2874 Brazzaville |
| (00243) 998697603 ou (00243) 999229662 | harmattan.congo@yahoo.fr |

**L'HARMATTAN GUINÉE**
Almamya Rue KA 028, en face du restaurant Le Cèdre
OKB agency BP 3470 Conakry
(00224) 60 20 85 08
harmattanguinee@yahoo.fr

**L'HARMATTAN CAMEROUN**
BP 11486
Face à la SNI, immeuble Don Bosco
Yaoundé
(00237) 99 76 61 66
harmattancam@yahoo.fr

**L'HARMATTAN CÔTE D'IVOIRE**
Résidence Karl / cité des arts
Abidjan-Cocody 03 BP 1588 Abidjan 03
(00225) 05 77 87 31
etien_nda@yahoo.fr

**L'HARMATTAN MAURITANIE**
Espace El Kettab du livre francophone
N° 472 avenue du Palais des Congrès
BP 316 Nouakchott
(00222) 63 25 980

**L'HARMATTAN SÉNÉGAL**
« Villa Rose », rue de Diourbel X G, Point E
BP 45034 Dakar FANN
(00221) 33 825 98 58 / 77 242 25 08
senharmattan@gmail.com

**L'HARMATTAN BÉNIN**
ISOR-BENIN
01 BP 359 COTONOU-RP
Quartier Gbèdjromèdé,
Rue Agbélenco, Lot 1247 I
Tél : 00 229 21 32 53 79
christian_dablaka123@yahoo.fr

619375 - Septembre 2015
Achevé d'imprimer par